CB014427

Livros Proibidos, Idéias Malditas

PROJETO INTEGRADO ARQUIVO DO ESTADO/ UNIVERSIDADE DE SÃO PAULO

Arquivo do Estado de São Paulo. Secretaria de Estado da Cultura de São Paulo

Faculdade de Filosofia Letras e Ciências Humanas: Departamento de História

Escola de Comunicações e Artes: Departamento de Jornalismo e Editoração

COORDENADORES

Acervo: Dr. Fausto Couto Sobrinho, diretor do Arquivo do Estado de São Paulo

Inventário: Dra. Maria Luiza Tucci Carneiro, docente do Deptº de História/FFLCH

Iconografia: Dr. Boris Kossoy, docente do Deptº de Jornalismo e Editoração/ECA

PESQUISADORES COLABORADORES (1ª e 2ª edição)

Bolsistas de Iniciação Científica, Mestrado e Doutorado/ FAPESP

Álvaro Gonçalves Antunes Andreucci

Ana Maria Dietrich

Eliane Bizan Alves

Fernanda Torres Magalhães

Marcia Yumi Takeuchi

Marilia dos Santos Lopes

Priscila Ferreira Perazzo

Viviane Terezinha dos Santos

Livros Proibidos, Idéias Malditas

O DEOPS e as Minorias Silenciadas

MARIA LUIZA TUCCI CARNEIRO

2ª edição ampliada

1ª edição 1997 Estação Liberdade
2ª edição 2002 Ateliê Editorial

Dados Internacionais de Catalogação na Publicação (CIP)
(Câmara Brasileira do Livro, SP, Brasil)

Carneiro, Maria Luiza Tucci
Livros proibidos, idéias malditas : o DEOPS e as minorias silenciadas / Maria Luiza Tucci Carneiro. -- 2. ed. ampl. -- São Paulo : Ateliê Editorial, PROIN – Projeto Integrado Arquivo do Estado/USP; Fapesp, 2002.

Bibliografia.
ISBN 85-7480-071-6

1. Censura - Brasil 2. Livros proibidos - Brasil 3. Perseguições políticas - Brasil 4. São Paulo (Estado). Departamento Estadual de Ordem Política e Social I. Título.

01-3789 CDD-098.120981

Índices para catálogo sistemático:
1. Brasil : Livros proibidos por autoridades civis 098.120981

Editor: Plinio Martins Filho
Produtor editorial: Ricardo Assis

ATELIÊ EDITORIAL
Rua Manoel Pereira Leite, 15
06709-280 – Granja Viana – Cotia – SP
Telefax (11) 4612-9666
www.atelie.com.br / e-mail: atelie_editorial@uol.com.br

2002
Impresso no Brasil
Foi feito depósito legal

Para minha mãe Annunciata

Sumário

Livros Proibidos, Idéias Malditas

A Segunda Edição

Este livro foi escrito em 1997 com o propósito de acompanhar uma exposição iconográfica com o mesmo título: *Livros Proibidos, Idéias Malditas.* A idéia inicial era de organizar uma espécie de *folder* que, em decorrência da riqueza do material inventariado, transformou-se num pequeno "livro/catálogo". A mostra fazia parte das atividades programadas para o Simpósio "Minorias Silenciadas", então sob a minha coordenação, um dentre tantos idealizados para o Colóquio Direitos Humanos no Limiar do Século XXI, sob a responsabilidade do Prof. Dr. Renato Janine Ribeiro e Eduardo Alves, diretor do Centro Universitário Maria Antonia. Nesta época eu já coordenava, junto ao Arquivo do Estado de São Paulo, o PROIN Arquivo/Universidade – atualmente uma verdadeira Oficina de História financiada pela Fapesp – que responsabilizou-se pela pesquisa das fontes iconográficas adequadas ao tema em questão: o "silêncio" das minorias em tempos sombrios. A fotografia *O Maestro* (1970), de Boris Kossoy prestou-se para compor o folder do simpósio denunciando, através de uma realidade construída, o silêncio daqueles que haviam perdido o direito à palavra e à vida. O conteúdo das palestras proferidas durante referido encontro está publicado sob o título *Minorias Silenciadas. História da Censura no Brasil* (Edusp/Fapesp, 2002).

Podemos considerar que graças à integração de duas instituições públicas (Arquivo do Estado e Universidade de São Paulo) publicamos a primeira edição dos *Livros Proibidos, Idéias Malditas* (Editora Estação Liberdade, 1997) então financiada pelo Área de História Social, Programa de Pós-Graduação da FFLCH. Nossos agradecimentos especiais aos coordenadores Zilda Márcia G. Iokoi e José Carlos Sebe Bom Meihy que, na época, apoiaram de imediato nosso projeto.

A exposição e a publicação *Livros Proibidos, Idéias Malditas*, após o encerramento do simpósio no Centro Universitário Maria Antônia, itineraram por Belo Horizonte (sob os auspícios do Instituto Histórico Israelita Mineiro) e Campinas (Unicamp), atiçando o debate sobre a necessidade imediata da abertura dos arquivos policiais em outros Estados brasileiros. A repercussão alcançada pelo tema junto a mídia impressa e televisiva, assim como o número de visitantes que atenderam ao chamado da nossa exposição iconográfica, atesta o inedetismo das fontes e o quanto ainda temos que pesquisar acerca da nossa história contemporânea. Daí inserirmos junto a nossa bibliografia, o debate produzido por este ensaio que enveredou pelo passado da repressão e da censura em tempos de ditadura. São Paulo, Rio de Janeiro, Salvador, Curitiba, Belo Horizonte e Porto Alegre dedicaram páginas inteiras a história da censura no Brasil acrescentando reflexões sobre a repressão aos intelectuais, a história oculta nos arquivos, os "porões políticos" do DOPS, o *index* de chumbo etc.

A atualização deste texto se faz graças ao editor Plinio Martins Filho, da Ateliê Editorial que, sensível ao conceito de "liberdade para editar", se prontificou a fazer esta segunda edição. Informações sobre as editoras e gráficas clandestinas dependeu exclusivamente do Banco de Dados e Imagens, produto das pesquisas contínuas e sistemáticas dos alunos do Projeto Integrado Arquivo/Universidade que, a cada semestre, identificam novos documentos num interminável processo de "fazer história". Graças ao financiamento da Fapesp, este material está sendo informatizado junto ao nosso Laboratório de Informática sediado no prédio do Arquivo do Estado. Assim, mantenho nesta reedição os meus agradecimentos aos orientandos – na época alunos de Iniciação Científica da Fapesp – hoje mestres, mestrandos e doutorandos do Departamento de História da FFLCH/USP: Ana Maria Dietrich, Eliane Bizan Alves, Priscila Ferreira Perazzo, Álvaro Gonçalves Andreucci, Viviane Terezinha dos Santos e Fernanda Torres Magalhães. Acrescento meus agradecimentos a Marília Souza Lopes e Marcia Yumi Takeuchi que colaboraram para a atualização desta nova edição. Assim, concluímos mais uma etapa gratificante para todos nós, historiadores por opção.

Apresentação à Primeira Edição

Generalizou-se – por desconhecimento da maioria das pessoas quanto à real natureza dos arquivos públicos – a noção errônea de que sua função é tão-somente a de uma espécie de "museu de documentação", com a finalidade de conservar e disponibilizar para o público em geral peças documentais de valor histórico-cultural. Outra perspectiva, onde se toma a parte pelo todo, considera os arquivos públicos apenas instituições depositárias das fontes primárias relevantes para o estudo da História, ou seja, coadjuvantes do trabalho de especialistas.

Entretanto, embora suas atribuições legais específicas possam variar ao sabor das vicissitudes legislativas, os arquivos públicos surgem historicamente como órgãos auxiliares da administração, e – resguardando-se o direito constitucional de livre acesso à documentação – de natureza democrática, permitindo o exercício pleno da cidadania, pela possibilidade de controle das ações de governo pela coletividade.

Em relação à temática abordada na presente exposição, o Arquivo do Estado de São Paulo resgata plenamente a função mencionada acima, pondo à disposição não só dos historiadores, mas de todos os cidadãos, as informações contidas na verdadeira "caixa de Pandora" que são os arquivos do DEOPS-SP.

Isto somente se tornou possível com o firme avanço das forças democráticas, cuja atuação promoveu a extinção desse organismo em 4 de março de 1983. Alguma ambigüidade – ou timidez – fez com que esses arquivos ficassem até o final de 1991 sob a tutela da Polícia Federal em São Paulo, quando passaram à custódia do Arquivo do Estado, permanecendo, contudo, vedados à consulta pública. Finalmente, após debates públicos dos quais participaram juristas, jornalistas, políticos, professores universitários e vários representantes de outros segmentos da sociedade civil, prevaleceu o princípio de livre acesso aos documentos, embora se atribua aos consulentes, através da assinatura de termo próprio, a responsabilidade pelo uso que venham a fazer das informações neles obtidas.

Trata-se de acervo documental dos mais significativos, descortinando para os pesquisadores um campo de enorme interesse para o estudo da história recente brasileira. Através de uma ação integrada entre o Arquivo e a Universidade de São Paulo, esses arquivos deram origem, outrossim, a uma extraordinária experiência pedagógica e científica: por iniciativa pioneira da Profa. Dra. Maria Luiza Tucci Carneiro, do curso de História do Brasil Contemporâneo, criou-se no Arquivo do Estado verdadeira "oficina de pesquisas", trazendo para cá aulas dos cursos regulares, nas quais os alunos trabalham diretamente com a documentação, aprendendo a distinguir sua natureza e características, a interpretá-la e incorporá-la em seus projetos de pesquisa. Engendra-se, desssa forma, uma nova geração de pesquisadores de alto nível, formados e preparados antes mesmo de saírem da universidade.

O Arquivo do Estado, por seu turno, propicia as condições para a realização dessas atividades em suas dependências, além de se propor a publicar ou tentar obter o apoio para a publicação sistemática do material resultante desse esforço de pesquisa integrada. Também apóia e estimula eventos de natureza variada, como conferências, palestras, congressos, exposições etc., sobre os temas que emergem desse trabalho.

A presente exposição se insere nessa atuação integrada entre Arquivo e Universidade e é um dos seus primeiros resultados concretos. A alta qualidade que apresenta é fato auspicioso, que revela o quão produtiva já se mostra a associação entre as duas instituições e nos estimula a persistir na persecução de novos e mais amplos horizontes.

Fausto Couto Sobrinho
Diretor do Arquivo do Estado de São Paulo, 1997

Prefácio: O Que É Preciso Dizer

Por certo, este livro dispensaria qualquer apresentação pois a autora é conhecida pelas pesquisas que realiza junto a temas que denunciam perseguições a excluídos e a minorias silenciadas. O assunto em foco, a censura brasileira, por sua vez, tem sido abordado de maneira repetida a sugerir que, como padecedores dela, não se nos faria necessário mais um estudo sobre sua incidência. Este trabalho porém justifica estas palavras iniciais, que correm à guisa de abertura, expressando-se como metáfora da indignação e da surpresa. A rejeição que fazemos às leituras sistematizadas sobre as formas de controle político mostra como desenvolvemos mecanismos de fuga que, em última análise, reforçam a presença limitadora do poder em nossas vidas. Como desdobramento da censura, uma autocensura acomete nossos olhares fazendo-nos supor que temos domesticada a noção do controle exercido pelo Estado sobre nós.

É impressionante como a censura nos marcou. Sendo universal e perene, muitas vezes é preciso vê-la sistematizada, ordenada de maneira pedagógica, informada e clara, para termos dimensão de que sua presença funciona como sombra perversa de nossos corpos cidadãos. A leitura do presente texto é um desafio. Desafio duplo, aliás, pois toca-nos enquanto leitores comuns e como pesquisadores. No primeiro caso, convoca nossas reservas militares para a luta contra as formas de limitação da livre expressão do pensamento; no segundo caso, para a necessidade eminente do retorno a uma história relevante que, deixando de lado a exuberância de temas alienantes, traga de volta o significado público de estudos sobre aspectos pertinentes à vida social.

Mostrada historicamente, a censura brasileira, exposta por Tucci Carneiro, revela problemas de longa duração que atravessam o correr de nossa experiência enquanto entidade política. Mesmo sem deixar de lado o momento colonial, a autora exibe as estratégias do poder que, no Brasil, se articulam usando a censura como mecanismo destes momentos remotos. Enfatizando a fase republicana, contudo, ficam evidenciadas as dificuldades que temos tido em relação a vivências democráticas efetivas. O avesso disto também é verdadeiro, principalmente quando constatamos que a sociedade tem desenvolvido estratagemas espertos para furar os bloqueios impostos. Esta relação de equilíbrio entre dominadores e dominados atesta a construção de uma luta política fundada na busca de uma democracia que é, por fim, a nossa própria história.

Vista em conjunto, organizada desde 1924 até 1983, a ação dos órgãos de segurança, do DEOPS referido como "SS", é mostrada com picardia. Atitudes que esbarram no ridículo, e que atolam no lamaçal da ignorância, são expostas de maneira a derrubar qualquer defesa ou justificativa da censura. Aliás, as maneiras criativas assumidas pelos subversivos para driblar o controle mostram que quanto mais eminentes forem as limitações, mais inteligentes serão os esforços para sua superação. É impressionante como a relação entre os atos do poder e os subterfúgios contrários são inversamente inteligentes. Enquanto para um lado se faz necessário o uso extremo da força e do amedrontamento, para o outro se criam fórmulas que vão desde a inclusão de panfletos em cordéis de música popular até a curiosa prática do barbante queimado (que do alto dos edifícios, espalhava, anonimamente, textos subversivos).

Nem a pornografia, ou sequer os textos derivados da propaganda do Eixo, escaparam do crivo censor. Isto mostra a preocupação democrática deste texto que não cuidou apenas de um lado da questão. Sem renunciar ao humor, a autora costura críticas mostrando que, por fim, é chegado o momento de se propor o fim definitivo de qualquer controle de expressão de idéias. Mais que isto: o instante em que vivemos precisa garantir que os arquivos do terror deixem vir a público a intimidade de políticas que precisaram se ocultar no proibido para se firmar.

José Carlos Sebe Bom Meihy

Faculdade de Filosofia USP – Departamento de História, 1997

Livros Proibidos, Idéias Malditas

O DEOPS e as Minorias Silenciadas

A fogueira em que são lançados os maus livros constitui a figura invertida da biblioteca encarregada de proteger o patrimônio textual. Dos autos-de-fé da Inquisição às obras queimadas pelos nazis, a pulsão de destruição obcecou por muito tempo os poderes opressores que, destruindo os livros, e com freqüência, seus autores, pensavam erradicar para sempre suas idéias. A força do escrito é de ter tornado tragicamente derrisória esta negra vontade.

ROGER CHARTIER

Intelectual sob Suspeita

Ao tentarmos discutir a questão dos direitos do cidadão, nada mais oportuno do que repensarmos o tema das liberdades políticas sob o prisma da censura e da repressão às idéias. Assim, a investigação aos arquivos da Polícia Política de São Paulo, o DEOPS (Departamento Estadual de Ordem Política e Social), coloca-nos diante de um mundo fantástico: o mundo dos livros proibidos. Ao penetrarmos neste universo, nos deparamos com os limites impostos pelos homens da República procupados com a circulação de idéias ditas "revolucionárias". Como repressores, eram contrários às mudanças sociais, impondo regras em nome da justiça, da ordem e da segurança nacional.

Os documentos de censura aos livros e aos intelectuais encontrados junto ao Fundo DEOPS, então sob a guarda do Arquivo do Estado de São Paulo, nos comprovam que, por cerca de um século, o controle da cultura foi uma questão do Estado republicano. A censura assim como a violência física e simbólica fizeram parte dos projetos políticos articulados em diferentes momentos da nossa história. Fatos como estes demonstram que o Brasil nunca soube lidar com a democracia.

Como partidárias do proibicionismo, as autoridades policiais procuraram hierarquizar as idéias submetendo-as, diariamente, a um processo seletivo com o objetivo de purificar a sociedade. Definiam, até décadas atrás e segundo a sua lógica, os limites entre o lícito e o ilícito. Este ato de saneamento ideológico processou-se através da censura preventiva e punitiva cujo principal objetivo era impedir a circulação das idéias rotuladas de "perigosas". Como tais, deveriam ser cerceadas por serem bandidas, ou seja, por agirem e tramarem contra a ordem imposta[1].

Deste ponto de vista, o indivíduo que propusesse mudanças sociais recusando as normas impostas, poderia se transformar num suspeito em potencial. Portanto, todo intelectual que procurasse "fazer a revolução" através da palavra escrita, impressa ou falada, corria o risco de tornar-se um bandido, sendo apontado como um homem "sem caráter" e de "maus sentimentos".

A repressão às idéias, entretanto, não é uma atitude característica do século XX marcado pelas práticas totalitárias, nem uma situação peculiar ao Brasil. A história da censura aos livros, as editoras e gráficas clandestinas, assim como a repressão aos intelectuais é secular e universal[2]. A história da censura no Brasil ainda está por ser escrita, apesar da historiografia brasileira contar com múltiplos estudos sobre o tema[3].

Até os anos 80, o intelectual ativo – aquele que escrevia e divulgava idéias "revolucionárias" – sempre foi considerado pelas instituições vigilantes como uma "herege", um homem "maldito", um "bandido". Por ultrapassar os limites entre o permitido e o proibido, era repreendido, julgado e punido. Os livros apreendidos como "arma do crime político" transformavam-se em prova material da trama articulada contra o regime e que, segundo os homens do poder, poderiam desequilibrar a ordem imposta. O fato dele ter se afastado das regras – desvio este comprovado através de suas idéias e comportamentos – o colocava em constante evidência, alimentando os atos de investigação policial que, geralmente, culminavam com a prisão do autor, e a apreensão e/ou a eliminação das publicações encontradas em seu poder.

1. I. S. Revah, *La Censure Inquisitoriale Portugaise ao XVe Siècle*, Lisboa, Instituto de Alta Cultura, 1960.
2. Sobre este tema cabe ressaltar os estudos de Robert Darnton, *Boemia Literária e Revolução: O Submundo das Letras no Antigo Regime*, trad. Luis Carlos Borges, São Paulo, Companhia das Letras, 1987; *Edição e Sedição*, trad. Myriam Campello, São Paulo, Companhia das Letras, 1995; *O Grande Massacre dos Gatos*, trad. Sônia Coutinho, Rio de Janeiro, Graal, 1986; *Acervo. Revista do Arquivo Nacional. Leituras e Leitores*, vol. 8, n°s 1-2, Rio de Janeiro, Arquivo Nacional, 1996; N. Z. Davis, "O Povo e a Palavra Impressa", *Culturas do Povo*, Rio de Janeiro, Paz e Terra, 1990; Márcia Abreu (org.), *Leitura, História e História da Leitura*, Campinas, Mercado das Letras; São Paulo, Fapesp, 2000.
3. Foi com o objetivo de organizar uma história preliminar da censura no Brasil que reunimos numa única edição, artigos que expressem múltiplas abordagens historiográficas fundamentadas em fontes, distintas no tempo e no espaço. M. L. T. Carneiro, *Minorias Silenciadas. História da Censura no Brasil*, São Paulo, Edusp/Fapesp, 2002.

A destruição de um livro pelo DEOPS, criado em 1924, se processava em etapas distintas: em primeiro lugar proibia-se a sua circulação junto à sociedade (posse e leitura), seguida da ordem e do ato da apreensão. Confiscadas, as obras "suspeitas" eram relacionadas pelos investigadores que anexavam uma amostragem aos autos policiais. Dependendo da quantidade do material confiscado e com base em critérios aleatórios, elaborava-se uma longa listagem de títulos e autores, hoje documentos exemplares para conhecermos as práticas de leituras vigentes no nosso passado. Em alguns casos, como aconteceu com a obra *Peter Pan* (1938), de Monteiro Lobato, o presidente do Tribunal de Segurança Nacional pedia providências no sentido de que se procedesse à "destruição de todos os exemplares"[4].

4. *Ofício do Ministro F. de Barros Barreto, presidente do Tribunal de Segurança Nacional para o chefe de Polícia do Estado de São Paulo,* Rio de Janeiro, Tribunal de Segurança Nacional. *Pront. nº 6575, de José Bento Monteiro Lobato.* DEOPS/SP. AESP.

A Teoria do Malefício

Estas práticas – símbolo da purificação da sociedade ameaçada de ser corroída por idéias heréticas – foram comuns tanto aos homens da Igreja medieval (*Il. 1*) quanto aos inquisidores do Santo Ofício de Portugal e Espanha na época Moderna. O Santo Ofício ibérico acionou, por mais de três séculos, um sistema de símbolos e ritos que, organizados sob a forma de espetáculo, interferiam no imaginário coletivo. Uma aura profunda rodeava cada um destes símbolos fortalecendo o caráter sagrado da Inquisição que, desta forma, contribuía para uma visão da realidade muitas vezes falsa e pouco contestada[1].

Pensamentos comuns eram impostos através da autoridade usufruída pela Inquisição ibérica que proibia aos homens "pensar diferente". Qualquer desvio deveria ser denunciado, tornando-se prática constante a eliminação pública do culpado identificado com o Mal. Desta forma, a Inquisição construiu a "teoria do malefício", na qual o cristão-novo ocupava um espaço significativo, peça-chave para a compreensão daquele universo social.

Desde fins da Idade Média, a idéia de acusação aparece ligada ao conceito de "purificação social" ou "depuração social"[2], permitindo-nos identificar a organização de um sistema de repressão especificamente articulado com o objetivo de justificar a existência daquela instituição que, em nome da Santa Fé,

1. A. Geertz, *A Interpretação das Culturas*, Rio de Janeiro, Zahar, 1978, p. 147.
2. P. Bourdieu, *A Economia das Trocas Simbólicas*, São Paulo, Perspectiva, 1974, p. 70.

1 "Queima de livros heréticos". Detalhe da obra de Pedro Berruguete, *São Domingos e os Albigenses*, c. 1477-1503. Madrid, Museu do Prado.

da Misericórdia e da Justiça, levava para os cárceres e para a fogueira os acusados de heresia, feitiçaria, bigamia, sodomia, apostasia e, também, por escrever e publicar idéias proibidas. Ao apontar o "herege" para a comunidade, o Tribunal da Fé definia seu papel (ou função) garantindo sua sobrevivência junto as esferas do poder[3].

Durante todo o tempo em que atuou, o Tribunal do Santo Ofício colaborou para formular um mundo onde os desvios e a livre-crítica não tinham lugar. A verdade imposta não deveria nunca ser contestada: a ordem deveria ser mantida e os "elementos heréticos" e "diabólicos" que colocavam em perigo a sociedade deveriam ser eliminados. Foi através do fogo que a Santa Inquisição eliminou os pecadores e seus escritos, quando era o caso. Condenar apenas não adiantava: era preciso queimar, transformando o Mal em cinzas e os descendentes dos condenados em párias.

Através do fogo destruíam-se, lentamente, os vivos e, até mesmo, os mortos cujos ossos eram desenterrados e incinerados em praça pública nos espetaculares autos-de-fé, verdadeiros rituais da purificação. E o fogo, naquele momento, expressava o conflito entre o Bem e o Mal interferindo na forma do cidadão interpretar a realidade. A queima pelo fogo restabelecia a idéia de uma sociedade purificada inocentando os "homens da Inquisição", responsáveis pelo estabelecimento da ordem; enquanto que o culpado era sempre acusado pela crise da fé, pestes, terremotos, doenças e miséria social[4].

O fogo era elemento imprescindível nestas encenações públicas do Poder. De fenômeno natural, o fogo transformava-se em elemento-símbolo da purificação, configurando à idéia de desobediência a Deus (pecado) e ilustrando a imagem do Inferno. Esta necessidade constante que a Inquisição tinha de destruir publicamente o herege fazendo-o "por fogo em pó", expressa ao mesmo tempo a sua insegurança. O herege, elemento crítico e contestador da "verdade" imposta, deveria ser eliminado. Mas, se o fogo destruía seu corpo nem sempre conseguia destruir suas idéias. Assim mesmo tentava-se. Como? Queimando em praça pública os livros e seu autor avaliados pelos inquisidores como símbolos do pecado: "No fim do auto

3. M. L. T. Carneiro, "O Fogo e os Rituais de Purificação. A Teoria do Malefício", *Resgate. Revista de Cultura*, nº 3, Campinas, Papirus, 1991, pp. 27-32.
4. G. Balandier, *O Poder em Cena*, Brasília, UnB, 1982, p. 43.

se leo a sentença dos livros proibidos e se mandarão queimar três canastras delles. Maio, 1624"[5].

Foi por causa da sua obra *Discours pathetéque ou suget des calamités*..., publicada em Londres (1756) que Cavalhero de Oliveira foi relaxado à justiça secular que o fez queimar em estátua com o livro suspenso ao pescoço – como herege convicto – durante o auto-de-fé realizado em Lisboa no ano de 1761[6]. Neste momento, estamos diante da "apropriação penal" dos discursos, ato que justificou por muito tempo a destruição dos livros e a condenação dos seus autores, editores ou leitores. Como muito bem lembrou Chartier: "A cultura escrita é inseparável dos gestos violentos que a reprimem". Ao enfatizar o conceito de perseguição enquanto o reverso das proteções, privilégios, recompensas e pensões concedidas pelos poderes eclesiásticos e pelos príncipes, este autor retoma os cenários da queima dos livros que, enquanto espetáculo público do castigo, inverte a cena da dedicatória[7].

A queima de obras heréticas não foi uma prática característica apenas da Inquisição medieval e moderna. Esta necessidade de "queimar" o perigo (travestido de diabo, herege, cristão-novo ou bruxa) repetiu-se nos séculos posteriores transformando-se em rotina nos países regidos pelo totalitarismo ou autoritarismo. Em nome da "segurança interna" ou "da preservação da raça e de uma cultura ariana pura", outros Torquemadas ordenaram que se transformasse em pó centenas de obras "diabólicas". Desta forma foram "purificadas", em pleno século XX, as sociedades alemã, brasileira ou chilena. Cambiaram-se alguns inimigos-objetivos – lembrando aqui o conceito desenvolvido por Hannah Arendt – mas persistiu o espírito da "purificação"[8].

A fotografia que registrou a queima de livros pelos nazistas na Praça da Ópera em Berlim (maio de 1933) tornou-se imagem-ícone da ação anticomunista e antisemita praticada pelos nacionais-socialistas (*Il. 2*). Na Alemanha hitlerista, os livros queimados em praça pública simbolizavam a morte

5. A. Baião, *Episódios Dramáticos da Inquisição Portuguesa*, Lisboa, Seara Nova, 1973, vol. III, p. 4.
6. A. C. Teixeira de Aragão, *Diabruras, Santidades e Prophecias*, Lisboa, Veja, s./d., p. 101.
7. O conceito "apropriação penal" é uma expressão empregada por Michel Foucault e que foi retomada por Roger Chartier em *A Aventura do Livro: Do Leitor ao Navegador*, trad. Reginaldo Carmello Corrêa de Moraes, São Paulo, Unesp/Imprensa Oficial, 1999, p. 23.
8. H. Arendt, *O Sistema Totalitário*, trad. Roberto Raposo, Lisboa, Dom Quixote, 1978.

2 *Queima de livros pelos nazistas na Praça da Ópera*. Berlim, maio de 1933. Deptº Archives. Film & Photo. Yad Vashem. Jerusalém (Israel).

da República de Weimar e a ressurreição de uma nova era. A cidade de Breslau orgulhava-se de ter queimado mais de 200 quilos de obras "degeneradas" condenadas pelo Index nazista. Em Frankfurt, na praça de Romerberg foram queimados os livros de inspiração socialista.

Em fevereiro de 1986, um pequeno grupo de policiais civis chilenos assistiu a 15 mil livros de García Marquez serem queimados e transformados em cinzas durante uma cerimônia secreta. Simplesmente substituía-se a antiga expressão "em nome da Fé Católica" por "Segurança Nacional". Situação semelhante pode ser constatada no Brasil durante o governo de Getúlio Vargas (1930-1945) que, ideologicamente, adotou uma postura antiliberal, anticomunista, nacionalista e centralizadora[9].

Em 19 de novembro de 1937, por determinação do Interventor interino da Bahia, centenas de livros foram incinerados em frente da Escola de Apren-

9. S. Goulart, *Sob a Verdade Oficial. Ideologia, Propaganda e Censura no Estado Novo*, São Paulo, Marco Zero/CNPq, 1990.

dizes de Marinheiros, sob a acusação de propagarem o credo vermelho. Dentre os autores mais atingidos estavam Jorge Amado e José Lins do Rego. Conforme relação anexada ao auto de busca e apreensão realizado pela então Comissão Executora do Estado de Guerra, foram queimados os seguintes títulos: 808 exemplares de *Capitães da Areia*, 223 exemplares de *Mar Morto*, 89 exemplares de *Cacau*, 93 exemplares de *Suor*, 267 exemplares de *Jubiabá*, 214 exemplares de *Paiz do Carnaval*, 15 exemplares de *Doidinho*, 26 exemplares de *Pureza*, 13 exemplares de *Banguê*, 4 exemplares de *Moleque Ricardo*, 14 exemplares de *Menino de Engenho*, 23 exemplares de *Idolos Tombados*, 2 exemplares de *Idéias, Homens e Factos*, 25 exemplares de *Dr. Geraldo*, 4 exemplares do *Nacional Socialismo Germano* e 1 exemplar de *Miséria atravez da Polícia*. Todos estes livros haviam sido apreendidos nas livrarias Editora Bahiana, Catilina e Souza e, que, segundo o termo de busca e apreensão, "encontravam-se em perfeito estado"[10].

Durante o governo Vargas (1930-1945) a purificação das idéias atingiu nível nacional. Livros perigosos foram farejados por todos os cantos do Brasil. Um mês após o "auto-de-fé baiano", a polícia carioca após proceder deligências em várias livrarias do Rio de Janeiro, apreendeu vários outros títulos "nocivos à sociedade", dentre os quais estavam: *Capitães de Areia*, de Jorge Amado, *Luar*, de Luiz Martins e *Tarzan, o Invencível*. Este último havia sido condenado por empregar – dentre tantos outros diálogos comuns às personagens das histórias em quadrinhos daquele período – a expressão "camarada", considerada como representativa do vocabulário dos partidários do comunismo[11].

Assim, podemos nos referir à prática da censura em vários níveis: *censura exógena* articulada pelo Estado, *autocensura*, *censura preventiva* e *censura punitiva*, sendo que uma não é excludente da outra. Ao contrário, elas se completam interagindo entre si. É, portanto, neste contexto que devemos pensar a censura manifesta nos anos 30 e 40 no Brasil: *enquanto fenômeno da história cuja delimitação, uso e introjeção emerge interligada ao conceito de criminalidade política*.

Tanto o medo como a censura funcionavam como poderosos instrumentos de controle social emanando, cada qual ao seu modo, *energia* que, por

10. "Incinerados Vários Livros Considerados Propagandistas do Credo Vermelho", *Jornal do Estado da Bahia*, Salvador, 17 dez. 1937, p. 3. Arquivo Fundação Casa de Jorge Amado/BA.
11. "A Polícia Carioca Apprehendeu Numerosos Livros", *Jornal do Estado da Bahia*, Salvador, 17 dez 1937, p. 3. Arquivo Fundação Casa de Jorge Amado/BA.

sua vez, colaborava para a sustentação do sistema autoritário. O medo faz calar, tem energia para isso. E, instado pelo pânico (de propagação rápida) o medo sufoca.

O governo estadonovista buscava, como a maioria dos regimes autoritários, o *singular* ou seja, a homogeneidade em todos os níveis, de forma a facilitar a dominação, o controle. E, nesta direção, múltiplos discursos foram articulados, oferecendo interpretações do mundo e da realidade brasileira, criando novos significados. A fim de superar a crise de legitimidade e interferir no imaginário político, o Estado procurou gerenciar o universo simbólico dos grupos subalternos mantendo-os, sempre que possível, alienados e conformados. E quanto aos imigrantes estrangeiros, desde que não se apresentassem como "revolucionários", a idéia era de integrá-los ao grande projeto de construção nacional. No caso de reações em contrário, acionava-se um discurso estereotipado e carregado de estigmas que, propagado através dos principais meios de comunicação da época, contribuíam para fortalecer o arsenal negativo edificado contra alguns grupos tradicionalmente excluídos.

Foi neste contexto que a polícia política federal (DOPS) assumiu importante papel junto a dinâmica instituída pelo processo de domesticação das massas[12]. Um dos seus principais objetivos – parte integrante do projeto político do Estado – era de bloquear a heterogeneidade de pensamento procurando silenciar aqueles que eram "potencialmente perigosos". Elegia-se o suspeito construindo, através da prática repressiva, o conceito de inimigo-objetivo que, real ou imaginário, acabava interferindo na configuração do conceito de crime político[13]. Segundo Adalberto Paranhos, em seu estudo sobre o culto ao Estado Novo, o que menos importava era o "valor da verdade" contido na figuração mítica. Importava sim que o mito fosse tornado verdadeiro e, para tal, havia a necessidade da constatação, por parte da sociedade de massas, dos culpados[14].

12. E. Cancelli, *O Mundo da Violência: A Polícia da Era Vargas*, Brasília, UnB, 1993.
13. H. Arendt, *op. cit.*, pp. 172-173.
14. A. Paranhos, "O Coro da Unanimidade Nacional: O Culto ao Estado Novo", *Revista de Sociologia e Política*, nº 9, Curitiba, Universidade Federal do Paraná, 1997, p. 29; A. Paranhos, *O Roubo da Fala. Origens da Ideologia do Trabalhismo no Brasil*, São Paulo, Boitempo, 1999.

Sustentava-se a ideía da necessidade de "purificação da sociedade" de forma a justificar a ação da polícia e dos censores que, baseados na lógica da desconfiança, propagavam argumentos destinados a legitimar o mito do complô secreto internacional. Multiplicaram-se os serviços secretos de investigação e a polícia política ganhou novo *status* mediante atribuições que lhe eram delegadas pelo Estado, dito Moderno. O conceito de crime político alterou-se de forma a *decapitar* os movimentos de resistência ao autoritarismo implicando em atos de censura e violência, fosse esta bruta ou apoiada na força do intelecto. Ao Estado não interessava permitir a manifestação de comunidades organizadas (entenda-se aqui como grupos portadores de projetos políticos, étnicos ou culturais diversificados) o que explica sua insistência em manter regulamentos que se antecipassem ao risco da rebelião. Estes regulamentos traduziam-se como "atos legais de violência", dando a necessária autoridade à ação policial[15].

A radicalização por parte dos regimes saneadores de idéias influenciam a gestação de uma literatura e de uma imprensa alternativas – sediciosas, segundo Darnton – que se vêem obrigadas a circular nos subterrâneos da sociedade. A partir do momento em que as leis oficializam a censura, a cultura se faz amordaçada. Do lado repressor institui-se o que os cidadãos podem escrever e devem ler. Tais normas alimentam as atitudes de delação consideradas por muitos como "um ato de fé", ou seja: de *estar servindo a Deus*, conforme constatamos junto aos documentos referentes a atuação da Inquisição Ibérica, ou *de estar servindo a Pátria*, postura comum nos cidadãos domesticados pelos regimes autoritários ou totalitários[16].

Os homens do poder e os revolucionários sempre tiveram consciência da força da palavra. É através do discurso oral ou escrito que as idéias circulam seduzindo, reelaborando valores e gerando novas atitudes. A partir do momento em que a cultura deixou de ser privilégio de uma elite, extrapolando o direito privado, aumentou o perigo das massas serem seduzidas pela palavra. Inclusive, Robert Darnton ao analisar o papel da literatura sediciosa francesa (textos políticos, panfletos e crônicas indecorosas) conclui que esta teria contribuído para a França "mudar de um estado de sedição para uma

15. E. Megargee e J. E. Hokanson, *A Dinâmica da Violência. Análise de Indivíduos, Grupos e Nações*, trad. Dante Moreira Leite, São Paulo, EPU/Edusp, 1976, p. 16.
16. H. Arendt, *op. cit.*

revolução aberta". Ao seu ver, este processo se consumou sob dois aspectos: *de uma revolução dentro da Revolução*, fato que implica a transformação das indústrias culturais; e de uma revolução cultural que envolveu "a reconstrução social da realidade ou a dimensão da significância, na medida em que esta ficou inserida no dia-a-dia das pessoas comuns"[17].

Esta sempre foi a preocupação dos censores do poder que, de uma forma geral, tentavam impedir que as idéias circulassem através do impresso, tornando "popular" o conteúdo, até então, restrito a uma minoria. Durante os anos 20 no Brasil, revolucionários anarquistas apelaram para a iconografia (xilogravuras e desenhos em bico de pena) procurando, através da força da imagem visual, doutrinar mais rapidamente a massa operária, em parte analfabeta[18].

Tornou-se comum nos discursos dos grupos de esquerda o apelo às dicotomias, contrapondo a idéia do Bem ao Mal, subterfúgio também usado pela propaganda anticomunista. Segundo os intelectuais da resistência ao Estado varguista, cabia a eles alertar a população para os perigos dos regimes totalitários encabeçados por Hitler e Mussolini, identificados como a "peste que atingiu a Europa". Os líderes da classe operária, por sua vez, procuravam conscientizá-la da necessidade de se "fazer a revolução" a partir de decisões fundamentadas na realidade. É o que tentava demonstrar o livro *A Hora Decisiva: Fascismo-Bolchevismo* (*Il.* 3), apreendido de Pedro Tristão da Rocha em 1934[19].

Em contrapartida, os anticomunistas colocaram no *front* o seu arsenal literário que demonializava e animalizava os perigos que rodavam o país: o judeu estrangeiro, os anarquistas, os comunistas, os trotskistas etc. Um conjunto de obras nacionais e estrangeiras somaram forças com o conteúdo nacionalista dos artigos publicados pela grande imprensa incentivando a delação e alimentando o mito do complô internacional. Dentre as obras produzidas por intelectuais brasileiros durante as décadas de 30 e 40, muitos dos quais representavam o pensamento conservador da Igreja católica, cum-

17. "Entrevista com Darnton", *Acervo. Revista do Arquivo Nacional. Leituras e Leitores*, p. 17.
18. Raquel de Azevedo, *A Resistência Anarquista: Uma Questão de Identidade (1927-1937)*, Monografia de Mestrado em História Social, FFLCHG/USP. Departamento de História, 1996.
19. V. Vittorio, *Hora Decisiva: Fascismo-Bolchevismo*, São Paulo, 1934. *Pront. nº 665, Pedro Tristão da Rocha*, fl. 4. DEOPS/SP. AESP.

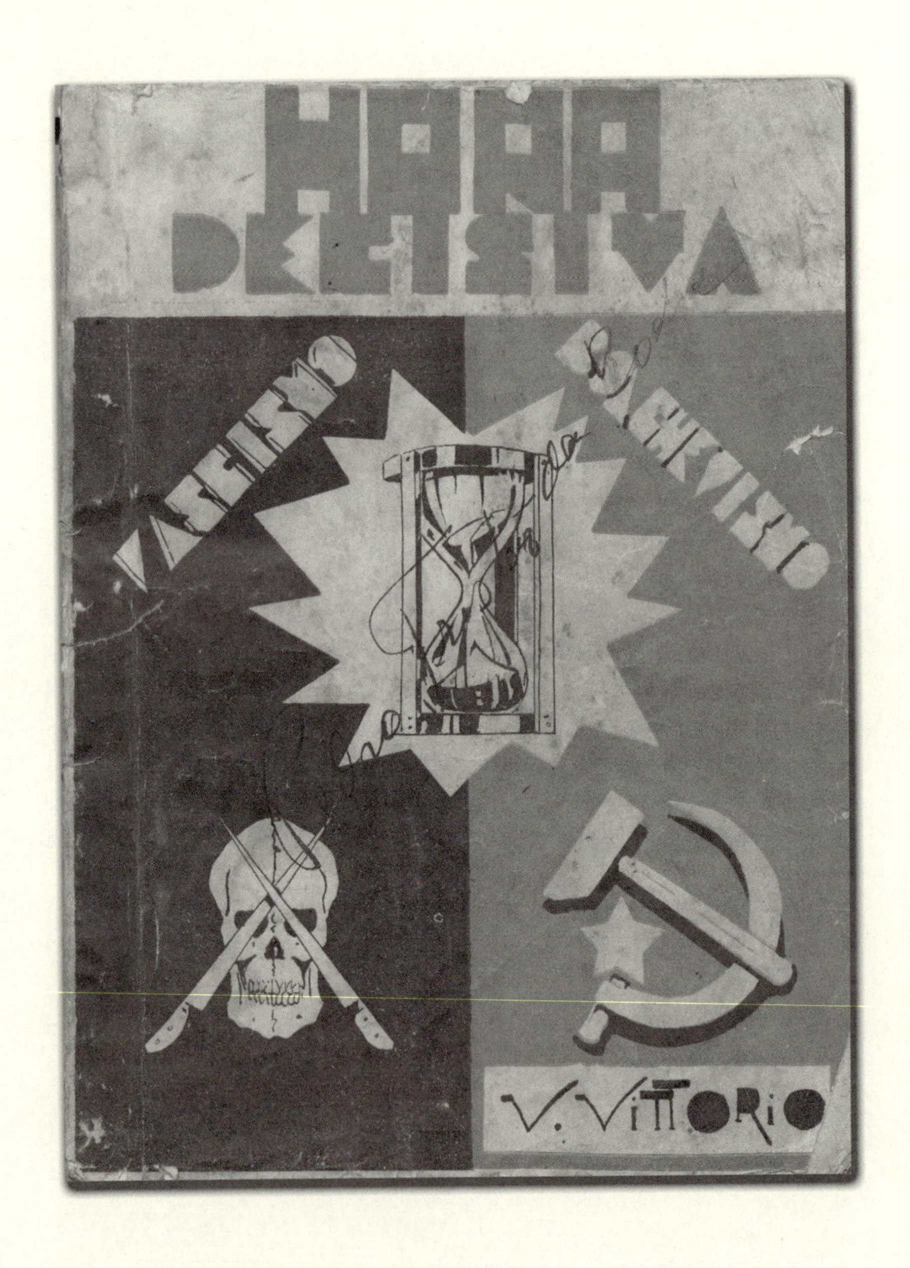

3 *A Hora Decisiva: Fascismo-Bolchevismo*, de V. Vittorio. São Paulo, s./e., 1934. Exemplar apreendido de Pedro Tristão da Rocha. *Pront. nº 665, Pedro Tristão da Rocha*. DEOPS/SP. AESP.

pre citar: *O Communismo Russo e a Civilização Cristã*, do Bispo Dom João Becker; *A Sedução do Comunismo*, de Everardo Backheuser; *A Questão Social e a República dos Soviets*, de Alberto de Britto; *A Bandeira de Sangue (Combatendo o Communismo)*, de Alciades Delamare; *A Rússia dos Soviets*, de Vicente Martins; *Tempestades. O Bolchevismo por Dentro*, de Pedro Sinzig; *As Falsas Bases do Communismo Russo*, de Alfredo Pereira; *Contra o Communismo*, de Alfredo Câmara; *Direito de Família dos Soviets*, de Vicente Rao, então Ministro da Justiça[20].

20. Uma ampla literatura sobre o tema anticomunismo foi arrolada por Rodrigo Patto de Sá na sua tese de doutorado *Em Guarda Contra o "Perigo Vermelho". O Anticomunismo no Brasil*, Área de História Social, FFLCH/USP, 2000, pp. 28-29.

Cultura Amordaçada

Na história da cultura universal – e, mais especificamente, da cultura portuguesa e brasileira que se viram amordaçadas durante séculos pela atuação da Santa Inquisição –, são múltiplos os exemplos de "caça à literatura sediciosa". Podemos considerar Portugal pioneiro na censura literária em defesa da fé e dos bons costumes. Antes mesmo da instituição da Inquisição em Portugal (1536), observamos por parte do Estado a preocupação em cercear idéias consideradas como perigosas ao regime. Em meados do século XV foi instituída a censura real através de um alvará de Afonso V, de 18 de agosto de 1451, que mandava "queimar livros falsos e heréticos". Orientado pelo Conselho, ordenava que os livros de Johannes Wickef, Johannes Hus, Frei Gaudio e de outros fossem queimados e "non fossem mais achados em os nossos reinos"[1].

Com o passar do tempo, a liberdade de pensamento foi sendo cada vez mais cerceada e reprimida pelas várias formas de censura literária que, alguns anos depois, tornou-se modelo para a Europa. Em 1540 e 1541, portanto após a instalação da Inquisição em Portugal, o Cardeal D. Henrique, Inqui-

1. "Alvará de 18 de agosto de 1451, declarando ter sido acordado mandar queimar os livros falsos e heréticos, por Afonso V, Rei de Portugal", Biblioteca Nacional de Lisboa, Ms Alcobacense 114, fls. 342, V. 343. Cópia fac-símiles *apud* S. C. Silva, *Cultura Tutelada: Uma Visão Patrimonialista da Cultura Luso-Brasileira,* Monografia de Mestrado em História. Universidade Federal de Pernambuco, 1987, p. 43 e nota 11 (mimeo).

sidor Geral desde 1539, nomeou uma comissão que, além de examinar todas as obras existentes em Lisboa e aquelas vindas de fora, deveria também avaliar os textos dos livros antes da sua impressão[2].

Até então a preocupação estava concentrada nos textos de autores hereges, suspeitos, defesos e danados. Para qualquer um destes casos, leia-se "proibido", "impedido", "interditado", por "fazer mal". Assim, a partir de 1547, o Infante D. Henrique mandou publicar uma lista dos livros proibidos, reiterada em 1551, indicando aqueles que não podiam ser lidos ou impressos sem o exame e a autorização da Inquisição. Dentre os autores lusitanos malditos identificamos Gil Vicente, recriminado por seus sete Autos: *de Dom Duardos, de Luzitania, de Fredeanes, do Jubileu d'Amores, da Aderencia do Paço, da Vida do Paço e dos Físicos*[3].

Em 1559, publicou-se em Coimbra o *Index Auctorum e Librorum* do papa Paulo IV, que classificava os autores em "condenados", "com apenas alguns títulos condenados" e "anônimos ou hereges incertos". Em apêndice, uma lista de várias edições proibidas da Bíblia e de 62 impressores cujas edições deveriam ser tidas como suspeitas de heresia. Assim, para impedir o acesso e a leitura dos livros proibidos, ordenava-se que estes fossem entregues aos inquisidores para serem queimados.

Esta filosofia censora foi reafirmada pelo *Index Tridentino* promulgado em 1564 e que, apesar de estender-se a toda cristandade, foi endossado apenas pela Itália, Bélgica, Espanha e Portugal. Assim, a partir do século XVI, a Inquisição aliada ao Estado português, institucionalizou a censura, o medo e a suspeição que, segundo a historiadora Silvia Cortez Silva, passaram a "produzir uma sociedade de mutilados mentais"[4].

No entanto, nem os múltiplos *index* de livros proibidos nem os constantes autos-de-fé realizados em Portugal por mais de três séculos – quando

2. "Carta de 2 de novembro de 1540, do Cardeal D. Henrique, encarregando o prior de S. Domingos de Lisboa, Frei Aleixo, e Frei Cristovão de examinar todos os livros das livrarias de Lisboa". Arquivo Nacional da Torre do Tombo, manuscritos da Livraria. Cod. 977, fl. 4. Cópia Fac-Símile; "Carta de 28 de julho de 1541, dirigida a Damião de Góis, dizendo-lhe que uma sua obra não tinha sido autorizada a circular, pela Inquisição. Processo da Inquisição de Lisboa (Apartados), nº 17.170, fl. 66. Arquivo Nacional da Torre do Tombo. *Apud* S. C. Silva, *op. cit.*, pp. 47 e 68-69.
3. I. da R. Pereira, *Notas Históricas Acerca de Índices de Livros Proibidos e Bibliografia sobre a Inquisição*, Lisboa, s./e., 1976, p. 25.
4. S. C. Silva, *op. cit.*, p. 52.

INDEX LIBRORVM PROHIBITORVM, CVM REGVLIS confectis per Patres à Tridentina Synodo delectos, autoritate Sanctissimi Domini nostri Pij. IIII. Pont. Max. compobratus.

Nunc recens de mandato Illustriss. ac Reuerẽdiss. D. Georgij Dalmeida Metropolyt. Archiepiscopi Olysipponẽsis, totiusq; Lusitanicæ ditionis Inquisitoris Generalis in lucẽ editus.

Addito etiam altero Indice eorum Librorum qui in his Portugaliæ Regnis prohibentur, cum per multis alijs ad eandem Librorum prohibitionem spectantibus, eiusdem quoque Illustriss. ac Reuerendiss. Domini iussu.

Olysippone excudebat Antonius Riberius. 1581.

4 *Index Librorvm Prohibitorvum, cvm Regvlis confectis per Patres à Tridentina Synodo delectos, autoritate Sanctissimi Domini nostri Pij. IIII.* Pont. Max. Coimbra, 1581. Arquivo Nacional da Torre do Tombo. Lisboa.

então se queimavam intelctuais hereges e livros confiscados – impediram a proliferação do judaísmo, do protestantismo ou das idéias ilustradas. A Igreja sempre teve consciência do poder dos livros que, através de seus textos e autores, disseminavam valores proibidos entre o clero e a população alfabetizada. A fé e a moral cristã sempre se sentiram abaladas por qualquer gênero literário que as questionasse, colaborando para anular as tradicionais normas coletivas e acarretando o rompimento da ordem instituída (*Il. 4*).

Iluministas Pervertidos

Esta repressão à cultura manteve-se até o século XVIII quando, durante o período pombalino, a censura passou a ser responsabilidade do Estado sem excluir, entretanto, os religiosos da Mesa Censória. Com o objetivo de impor limites ao Iluminismo português, a censura literária proibia em Portugal os livros considerados heréticos e ímpios, dentre os quais estavam as "obras dos pevertidos filósofos daqueles últimos tempos..."[1].

Tanto em Portugal como no Brasil Colônia foram efetuadas devassas junto às sociedades literárias. Fiscalizava-se todo e qualquer tipo de ajuntamento que pudesse levantar suspeitas de conspiração contra o Império. Possuir livros de autoria de Rousseau, Montesquieu, Diderot, Condorcet, Raynal, por exemplo, era comprometedor pelo seu conteúdo "corrosivo".

Algumas bibliotecas do século XVIII e XIX no Brasil, possuíam em suas prateleiras uma farta literatura francesa iluminista reconhecida como sediciosa. A livraria do cônego Luís Viera da Silva, nas Minas Gerais – estudada pelo historiador Luís Carlos Villalta – encontrava-se recheada de autores ilustrados proibidos pela censura, como Montesquieu, Condilac, Diderot,

1. R. B. de Moraes, *Livros e Bibliotecas no Brasil Colonial*, Rio de Janeiro, Livros Técnicos e Científicos, 1979, pp. 53-54. Sobre estas questões temos os interessantes estudos de L. C. Villalta, "Os Clérigos e os Livros nas Minas Gerais da 2ª Metade do Século XVIII"; L. M. B. Neves, "Leitura e Leitores no Brasil, 1820-1822: O Esboço Frustado de uma Esfera Pública de Poder", pp. 125-152 em *Acervo. Leitura e Leitores. Revista do Arquivo Nacional*, *op. cit.*; E. Frieiro, *O Diabo na Livraria do Cônego*, São Paulo, Itatiaia, Edusp, 1981.

Voltaire, Ovídio, considerados perigosos por proporem a destruição do *Ancien Régime* durante a Revolução Francesa. Ao ser interrogado no decorrer da Devassa dos Inconfidentes nas Minas Geraes, o cônego Vieira deixou entrever nuances de seu pensamento ilustrado lapidado pelas idéias destes autores considerados perniciosos[2].

O fato de a imprensa ter se instalado tardiamente no Brasil, teria retardado o contato com livreiros e livrarias, segundo estudos desenvolvidos por Ana Luiza Martins:

> O estabelecimento compulsório da Impressão Régia no Rio de Janeiro, em 1808, reiterou o caráter restritivo das publicações, levando a imprensa brasileira a nascer e viver sob o signo da censura. Contrabandos de livros e circuitos escusos mascararam a entrada de obras consideradas subversivas à moral e aos bons costumes. No entanto, nada impediu que circulassem à revelia do poder, obras de cunho político, anti-religiososas e de caráter licencioso, ditas eróticas e/ou pornográficas[3].

A historiadora Lúcia Maria Bastos Neves chegou a constatar que jornais brasileiros do século passado evitavam anunciar obras de cunho teórico identificadas com a Revolução Francesa. Os censores régios, conhecedores do conteúdo destes impressos, ficavam atentos aos pedidos dos livreiros que, para conseguirem importar livros, tinham de obter licença junto ao Desembargo do Paço. Não era fácil trazer para o Brasil uma obra de Beauchamps, Mably, Pratt, Montesquieu, Rousseau ou Voltaire[4].

Como sempre, segundo um antigo provérbio, "tudo que é proibido tem mais sabor e atiça a curiosidade". Isto se aplica muito bem aos livros cujo acesso estava proibido aos livreiros e ao público em geral. O contrabando e a circulação clandestina colocaram muitas destas obras "perigosas" nas estantes de importantes bibliotecas mineiras, goianas, baianas e cariocas[5].

Somente após 28 de agosto de 1821, ao ser proclamada a liberdade de imprensa no Brasil, é que foi liberado o acesso aos livros dos autores da Ilustra-

2. L. C. Villalta, *op. cit.*, pp. 19-52; "O Diabo na Livraria dos Inconfidentes" em A. Novaes (org.), *Tempo e História*, São Paulo, Companhia das Letras, 1992; R. Chartier, *Lectures et Lecteurs dans la France D'Ancien Régime*, Paris, Editions du Seuil, 1987.
3. A. L. Martins, "Sob o Signo da Censura" em *Minorias Silenciadas. História da Censura no Brasil*.
4. L. M. B. Neves, *op. cit.*, pp. 125-126.
5. *Idem*, p. 125.

ção, cujas idéias passaram a circular pelos jornais ampliando o público leitor e consumidor destas obras. Preparava-se a sociedade para a chegada da modernidade; gestava-se, através da configuração de um novo pensamento, a construção de um Estado liberal. Mas, da mesma forma como persistiu a censura literária, continuaram a existir "subversivos" na República.

Segundo Lúcia Neves, o debate das idéias saiu da órbita de uma elite e foi levado para a esfera pública dos cafés, livrarias e praças. A seu ver, este grupo letrado vislumbrou-se diante da palavra impressa, não acontecendo o mesmo ao Estado que, avesso a mudanças, impôs um "silêncio perverso" defendendo a manutenção das práticas da censura e repressão[6].

Em pleno século XX – na era da informação e da imagem multiplicada – a cultura viu-se obrigada a ser novamente sussurrada. Livros libertários e bolchevistas circulavam travestidos de romance e, quem os quisesse ler, deveria fazê-lo às escondidas no fundo de um porão ou fechado entre quatro paredes. Sem se esquecer, logicamente, de que "as paredes escutam". Ainda que diferenciada daquela leitura praticada em um espaço comunitário, alguma coisa nova pode florescer deste contato íntimo e silencioso com as obras revolucionárias.

6. L. M. B. Neves, "Um Silêncio Perverso: Censura, Repressão e o Esboço de uma Primeira Esfera Pública de Poder (1808-1823)" em *Minorias Silenciadas. História da Censura no Brasil*, organizado por Maria Luiza Tucci Carneiro, São Paulo, Edusp/Fapesp, 2002.

Os Subversivos da República

No século XIX a cultura brasileira continuou a ser tutelada pelo Estado e pela Igreja Católica. Impunha-se uma moral cristã e valorizavam-se as tradições européias. A Igreja, apesar de estar politicamente em segundo plano, continuava a interferir no espaço doméstico sugerindo leituras adequadas às moças e aos rapazes de boas famílias. Parte do discurso da censura católica à leitura no Brasil, no início do século XX, pode ser estudado através da atuação do frei franciscano Pedro Sinzig (1875-1952), alemão naturalizado brasileiro e diretor da Editora Vozes de Petrópolis por doze anos[1].

Em 1915, Sinzig publicou pela primeira vez, seu *index* crítico a uma série de obras de ficção: *Através dos Romances: Guia para as Consciências*[2]. Tendo como referência os preceitos da Igreja católica, o autor classificou as obras em três categorias distintas: 1) *recomendados*, bons, de leitura sã, que obedecem perfeitamente a esses preceitos; 2) recomendados, mas com ressalvas; 3) perigosos, cuja leitura "é um veneno para as almas de seus leitores...". Este manual de leitura, segundo o censor Sinzig, tinha condições de "neutralizar

1. Importante estudo sobre a atuação de Pedro Sinzig foi realizado por Aparecida Paiva, "A Leitura Censurada", em Márcia Abreu (org.), *Leitura, História e História da Leitura*, Campinas, São Paulo, Mercado das Letras, Associação de Leitura do Brasil, São Paulo, Fapesp, 1999, pp. 411-426.
2. P. Sinzig (Frei), *Através dos Romances: Guia Para as Consciências*, 1ª ed., 1915, Petrópolis, Vozes, 1923.

de algum modo os grandes males que podem produzir as más leituras dos maus livros e principalmente dos maus romances"[3].

Mas, não eram apenas os "maus romances" que incomodavam os censores católicos. Nas principais cidades do Nordeste brasileiro, onde persistia uma mentalidade mais provinciana, as possibilidades de obras inovadoras circularem sem censura eram ainda menores. Tanto que, no final dos anos 30, o Padre Serafim Leite S. J. reclamou punição para *Casa-Grande & Senzala*, de Gilberto Freyre, apelidado de "o pornógrafo de Recife": "A punição extrema de um auto-de-fé: que fosse queimado livro e autor. Nem ao menos queimado em efígie ou em retrato a óleo: queimado com absoluto realismo"[4].

Enquanto isso, no Rio de Janeiro e São Paulo, as inquietações políticas e culturais se faziam sentir de forma mais viva, dada a presença marcante de imigrantes e da crescente massa de operários urbanos. Tempos de industrialização, tempos de modernidade, tempos de rebeldia. Intelectuais e jornalistas se apresentavam como porta-vozes dos interesses do povo e defensores da verdade. O jovem Estado republicano não abriu mão da vigilância e da repressão aos novos subversivos. A censura já se fazia velha, imortal, multifacetada, persistindo como alimentadora de mitos.

Em 1930, após ter sido consolidada a revolução dita liberal, aguardava-se nos meios revolucionários a extinção da censura. Acreditava-se que a liberdade de expressão fazia parte do projeto maior de Getúlio Vargas. Triste ilusão! Poucos prestaram atenção ao texto da "Plataforma da Aliança Liberal" lido na Esplanada do Castelo, na capital federal, em 2 de janeiro de 1930 sob o título *As Leis Compressoras.* Em nome da revolução Vargas pregava que a anistia seria

> [...] de providência incompleta, sem a revogação das leis compressoras da liberdade do pensamento. É que estas, tanto quanto a ausência daquela, concorrem também para manter nos espíritos a intranqüilidade e o fermento revolucionário. Conjugam-se, assim, nos seus efeitos deploráveis[5].

3. A. Paiva, *op. cit.*, p. 414.
4. G. Freyre, *Casa-Grande & Senzala*, 3ª ed., Rio de Janeiro, Schmidt, 1938, p. 39. Este tema foi amplamente analisado por Silvia Cortez Silva em sua tese de doutorado que, com base em documentação inédita, trouxe à luz as críticas movidas à Freyre pela sociedade conservadora de Recife. S. C. Silva, *Tempos de Casa-Grande (1930-1940)*, Tese de Doutorado em História Social, Departamento de História-FFLCH/USP, 1995.
5. "A Plataforma da Aliança Liberal" (Lida na Esplanada do Castelo, em 2 de janeiro de 1930)

Em dezembro de 1933, Francisco Antunes Maciel, ministro da Justiça, publicava no *Diário da Assembléia Nacional*, as regras do controle. Proibiam-se:

> [...] as críticas ao governo em termos acrimoniosos; expressões e referências pejorativas aos seus membros, notícias que pudessem prejudicar a ordem pública e estimular subversões, agressões pessoais a quem quer que fosse, críticas aos governos estrangeiros e seus representantes, informações que pudessem produzir alarmes ou apreensões e, finalmente, boatos de tendenciosidade manifesta[6].

A Constituição de 1934, em seu artigo 113, item 9, deixou claro, em suas ressalvas, que não seria tolerada a propaganda de guerra ou de processos violentos para subverter a ordem política e social. O clima de tensão e de censura à palavra aumentou, ainda mais, após a "Intentona Comunista" de 1935, quando foram decretados estado de sítio e censura à imprensa. Censura esta admitida constitucionalmente após 1937 e oficializada na figura do DIP-Departamento de Imprensa e Propaganda, em 1939[7]. Este atuava de forma a buscar a uniformização da informação, trabalho complementado pela ação dos investigadores da polícia política que, numa postura vigilante, saíam à caça dos "hereges". Os seguidores do credo vermelho tornaram-se os alvos centrais da atenção do DOPS e do DIP que, através de suas sessões estaduais, multiplicaram as ordens repressoras, mutilando a cultura nacional.

A censura funcionava como instrumento moralizador colaborando para a construção de uma imagem positiva do Estado. O DIP transformou-se numa verdadeira máquina de sonhos, reafirmando o mito do salvador na figura de Getúlio Vargas, apresentado como o "pai dos pobres" capaz de *ver, antever, prever e até castigar, se preciso*[8].

Romper o cerceamento censório tornou-se uma das metas dos intelectuais revolucionários que, através de idéias e livros, tentavam enfraquecer o projeto de hegemonia cultural e dominação política defendida pelo Estado autoritário varguista. Tanto o DIP como o DOPS funcionavam como engre-

em G. Vargas, *A Nova Política do Brasil I. Da Aliança Liberal às Realizações do 1º ano de Governo (1930-1931)*, Rio de Janeiro, Livraria José Olympio Editora, 1938, p. 21.

6. A. Costela, *O Controle da Informação no Brasil*, Petrópolis, Vozes, 1970, p. 102.
7. Sobre este tema ver S. Goulart, *Sob a Verdade Oficial. Ideologia, Propaganda e Censura no Estado Novo*, São Paulo, Marco Zero/CNPq, 1990.
8. R. Girardet, *Mitos e Mitologias Políticas*, São Paulo, Companhia das Letras, 1987.

nagens reguladoras das relações entre o Estado e o povo; verdadeiras máquinas de filtrar a realidade, deformando os fatos e construindo imagens.

Sonegando informações reduziam-se os riscos de crítica e as possibilidades de conflitos, além de contribuir para aumentar o clima de medo e tensão. As autoridades policiais responsáveis pela manutenção da segurança nacional tinham consciência de que a imaginação amedrontada anulava, segundo considerações de Hannah Arendt, as "interpretações sofístico-dialéticas da política"[9]. Homogeneizando o pensamento, diminuíam-se os riscos de contestação seguindo-se à risca o padrão de construção do consenso. Daí a censura oficial e a repressão aos intelectuais por parte da Polícia Política, não serem aleatórias. Sua ação diária, calcada em constantes relatórios de vigilância domiciliar, busca e apreensão de provas comprometedoras e constantes prisões acompanhadas de intensos interrogatórios, perseguia um único objetivo: o de dominar pela força, definindo as fronteiras entre o lícito e o ilícito.

Muitas vezes, a imposição da censura alimenta a ficção levando o povo a viver o real, por falta de opção. Aliás, oportuna é a expressão "imprensa alternativa" que, no Brasil, expressa a trajetória de múltiplos jornais efêmeros que sufocados pelo poder tentavam circular nas sombras. Tanto na história da ditadura Vargas como na história da ditadura militar pós-64, os jornais alternativos se manifestaram como "vozes surdas" que, nos porões da sociedade, sussurravam mensagens de luta alimentando os movimentos de resistência[10].

O DOPS, durante todo o seu período de atuação (1924-1983), foi responsável – juntamente com o DIP e Ministério da Educação e Saúde – por atos de saneamento ideológico que nos revelam como se processava a lenta mutilação do saber. Alimentava-se atitudes de delação consideradas por muitos cidadãos como um "ato de fé", crentes de estarem servindo à Nação em nome da Segurança Nacional. E tanto os repressores como os revolucionários, sempre tiveram consciência da força da palavra, pois era através do discurso oral, escrito ou imagético que as ideías circulavam seduzindo, reelaborando valores e gerando novas atitudes. E o que os censores e os policiais repressores tentavam fazer era impedir que as massas passassem do "estado de sedução" para o "estado de revolução aberta"[11].

9. H. Arendt, *op. cit.* p. 173.
10. B. Kucinski, "A Herança da Autocensura" em *Minorias Silenciadas. História da Censura no Brasil.* São Paulo, Edusp/Fapesp, 2002.
11. "Entrevista com Roberto Darnton", *Acervo: Revista do Arquivo Nacional. Leituras e Leitores*, vol. 8, n°s 1-2, Rio de Janeiro, 1996, p. 7.

Idéias Bandidas

Ao pesquisarmos junto ao acervo do DEOPS do Estado de São Paulo, identificamos que os atos repressivos da polícia política paulista alimentaram a resistência tanto dos movimentos de esquerda como de direita, desde o momento da criação do órgão em 1924 até a sua extinção em 1983. Essa situação não foi uma característica apenas da polícia paulista e nem ficou restrita aos períodos em que regimes ditatoriais dominaram o Brasil.

Durante a vigência do DEOPS, a proibição e a apreensão de obras ditas subversivas foram uma constante. Milhares de documentos oficiais e particulares testemunham, de um lado, a repressão constante às idéias sediciosas e, de outro, a existência de grupos de resistência que, pactuando entre si, conseguiram divulgar suas idéias, expressão máxima das utopias e desencantos de uma República em crise (*Il. 5).* Tanto a análise dos documentos policiais como das obras confiscadas (incluindo-se livros, jornais, revistas, panfletos, brochuras e boletins) remete-nos a múltiplos elementos simbólicos que, como componentes de retóricas diferenciadas, fizeram parte do imaginário político brasileiro do século XX. Ambos os lados – tanto o ordenador/repressor como o revolucionário/sedicioso – geraram rituais, alimentando mitos.

O DEOPS, enquanto segmento da polícia política federal e orgão preocupado em sustar a propagação de idéias revolucionárias, adotou medidas administrativas sistemáticas, assim como endossou o discurso ordenador e saneador articulado pelo regime oficial. Através da *lógica da suspeição* man-

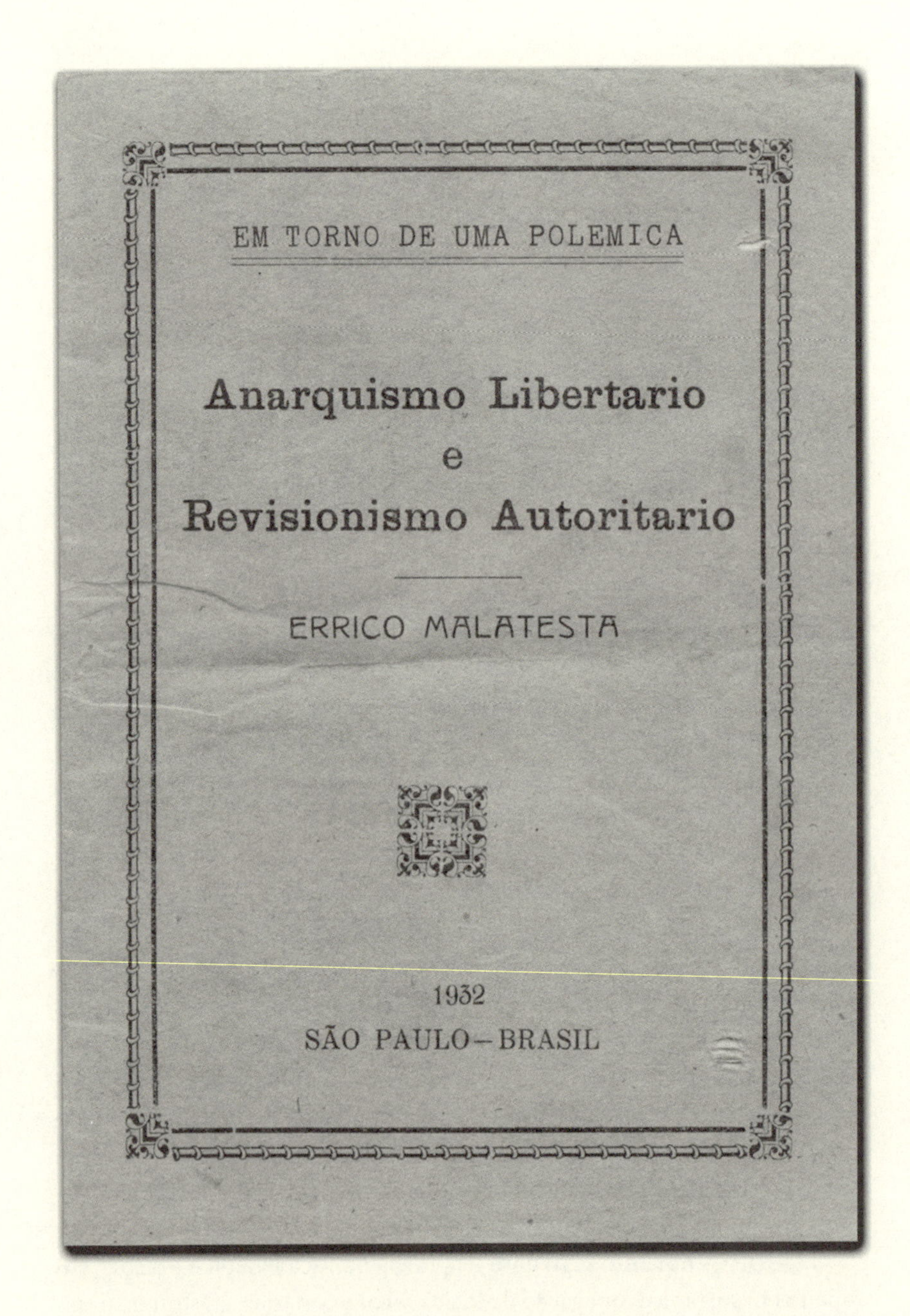

EM TORNO DE UMA POLEMICA

Anarquismo Libertario
e
Revisionismo Autoritario

ERRICO MALATESTA

1932
SÃO PAULO – BRASIL

5 *Anarquismo Libertário e Revisionismo Autoritário*, de Errico Malatesta. São Paulo, 1932. Exemplar apreendido pela Delegacia Auxiliar da 7ª Divisão Policial, Santos. *Pront. nº 561*, 1º vol. DEOPS/SP. AESP.

teve-se vigilante, procurando, sempre que possível, apreender a literatura "perigosa" e processar seus mentores intelectuais[1]. Após a Intentona Comunista de 1935, grande parte do material apreendido foi examinada pela Comissão de Repressão ao Comunismo que procurou agrupar os documentos em "amarrados temáticos". Três deles continham exemplares de livros, revistas e brochuras que tratavam dos seguintes assuntos: *comunismo e socialismo, movimento operário internacional* e *legislação social*[2].

As autoridades policiais organizaram seus arquivos segundo critérios próprios, os quais devem ser considerados como uma das mais expressivas formas de controle das atividades clandestinas de intelectuais, gráficas, editoras e livreiros no Brasil. Cada "prova" apreendida (livro, selo, envelope, folha de papel ou pedaço de bilhete), assim como as anotações registradas pela polícia à margem dos documentos e os destaques com lápis colorido sublinhando os conteúdos "subversivos" são testemunhos do universo simbólico representativo dos valores endossados pelas autoridades policiais.

Os adjetivos que compõem a retórica policial expressam o endosso a valores preconcebidos acionados para acusar e julgar uma obra impressa. Tudo o que pudesse estar relacionado com a propagação de idéias sediciosas recebia um julgamento prévio, não se aceitando "desvios". Vicente Tamochaitz, ao ser qualificado como "militante comunista" em junho de 1930, teve contra si alguns atributos negativos: o de ser *tipógrafo, lituano* e *membro da Sociedade Fração Vermelha.* A somatória destes elementos se prestaram para responsabilizá-lo pela propaganda de idéias comunistas entre elementos estrangeiros, principalmente lituanos, sendo sua atividade classificada de "nociva à ordem pública"[3].

Ser escritor, jornalista, intelectual, tipógrafo, professor ou editor no período de 1924-1983 não era nada tranqüilo, principalmente se o cidadão exer-

1. Uma investigação apurada aos prontuários dos intelectuais anônimos fichados pelo DEOPS/SP foi realizada por Álvaro Andreucci, bolsista de mestrado Fapesp, com o título *O Risco das Idéias. O DEOPS e a Repressão aos Intelectuais Comunistas (1930-1945).* Sua pesquisa inicial em nível de Iniciação Científica (Fapesp) será, em breve, publicada na *Série Inventário DEOPS*, coordenada por Maria Luiza Tucci Carneiro.
2. "Archivo da Ex-Comissão de Repressão ao Comunismo", Rio de Janeiro, 16 de dezembro de 1937. Setor Administração, pasta 14, fls. 39 a 49. APERJ/RJ.
3. *Relatório sobre Vicente Tamochaitz por Laudelino de Abreu, Delegado da Ordem Política e Social.* Gabinete de Investigações, São Paulo, 18 de junho de 1930. *Pront. nº 439, Vicente Tamochaitz*, fl. 2. DEOPS/SP. AESP.

cesse "profissão de fé comunista". Mario Mariani, "el literato bolchevique", por exemplo, foi classificado de perigoso em maio de 1935, tendo-se em conta a sua capacidade de jornalista e escritor, atrelada às suas atividades como comunista.

Ao tomarmos conhecimento das idéias defendidas pelo escritor Mario Mariani reproduzidas nos documentos policiais, compreendemos por que estas incomodavam tanto. Como "italiano e pensador", Mariani tinha bem definido seu programa político: defendia o amor livre, pregava a abolição do direito sucessório e a expropriação dos bens móveis e imóveis. A seu ver a terra era de quem a lavrava, enquanto que as máquinas eram de quem as faziam produzir. As casas deveriam ser de quem as habitava, assim como os povos têm o direito de autodecisão. Propunha, também, a abolição do Parlamento italiano, considerado como "inútil academia de advogados e núcleo de todas as corrupções". Por esta razão, o governo italiano deveria "ser exercido por um Conselho de artes e profissões"[4].

Dada a persistência deste tipo de documentação junto ao acervo policial – testemunhos da prática da censura e do controle social – temos condições de reconstituir a dinâmica da vigilância às obras sediciosas. O controle pode ser detectado através dos ofícios trocados entre as autoridades policiais e governamentais, dos inquéritos policiais, dos relatórios do "Serviço Secreto", dos registros de ordens de apreensão do material dito subversivo, dos telegramas e exemplares de livros anexados aos prontuários e dossiês.

A preocupação que os investigadores tinham em relatar detalhes do que havia sido constatado durante o serviço de campana nos permite identificar endereços e proprietários de editoras e gráficas clandestinas, assim como detectar livreiros e ativistas políticos responsáveis pela circulação das obras proibidas. É possível, também, conhecer os subterfúgios adotados pelos movimentos de resistência dedicados a propagar as idéias dos seus teóricos. Como muito bem pregava o título de um dos livros confiscados nos anos 30: *Morrem os Homens... Mas a Idéia Fica! (Il. 6)*[5].

4. *Relatório sobre Mario Mariani, por Laudelino de Abreu, Delegado de Ordem Social e Política.* Gabinete de Investigações, São Paulo, 7 de maio de 1930, *Pront. nº 516, Mário Mariani,* fl. 18. DEOPS/SP. AESP.
5. D. Braz, "Dos Meus Momentos de Lazer: Morrem os Homens... Mas a Idéia Fica!", s./d. *Pront. nº 493, Domingos Braz,* vol. 2. DEOPS/SP.

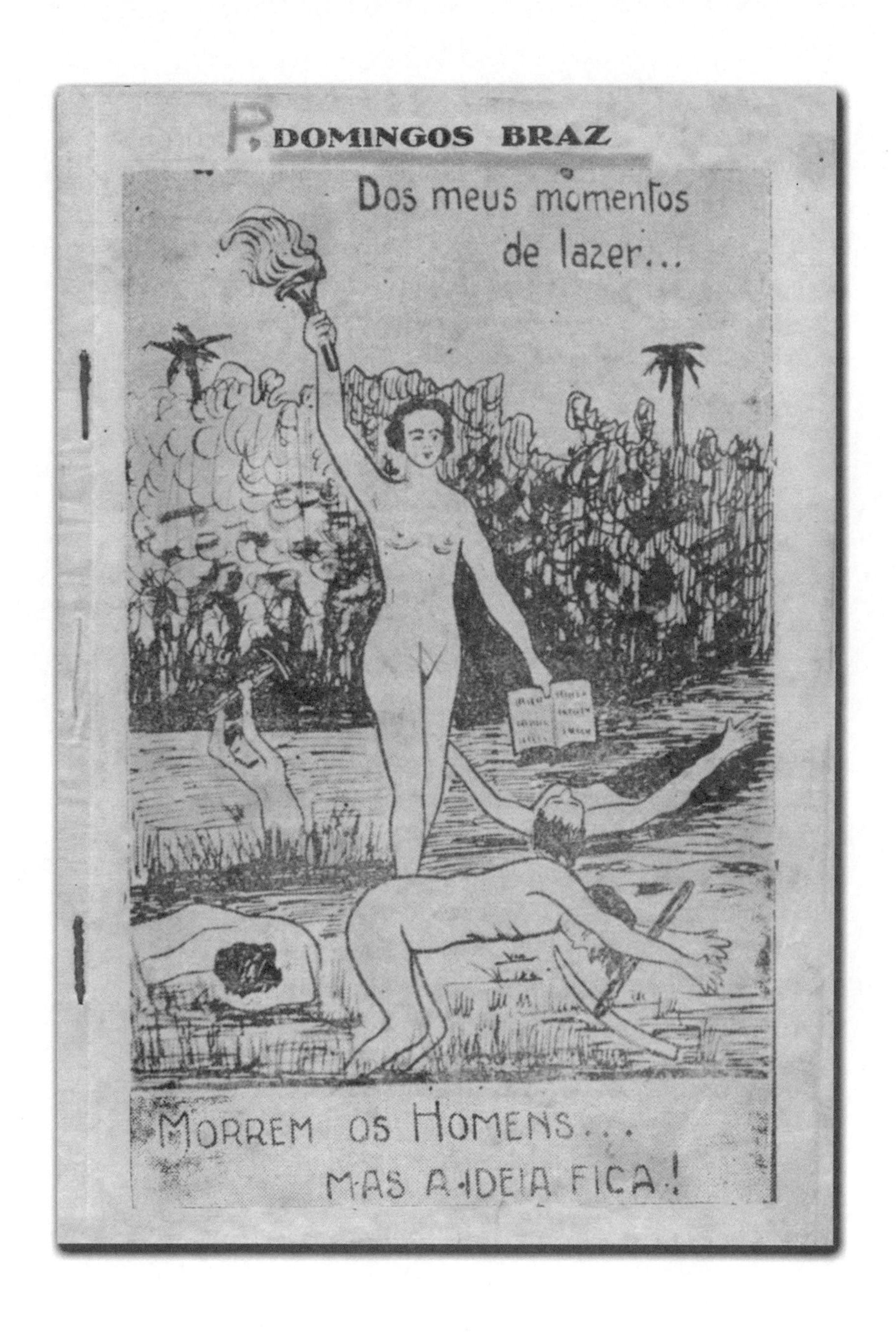

6 *Dos Meus Momentos de Lazer. Morrem os Homens... Mas a Idéia Fica!*, de Domingos Braz, s./r. *Pront. nº 493, de Domingos Braz*, 2º vol. DEOPS/SP. AESP.

Editando a Desordem

A partir dos anos 30 – dado o aprimoramento das táticas adotadas pela polícia política e a sustentação de um discurso nacionalista por parte do Estado varguista – tornou-se difícil camuflar o funcionamento de tipografias clandestinas centralizadas na capital do Estado de São Paulo ou de fazer circular livros de doutrinas exóticas (comunistas, libertárias, feministas, antifascistas etc.). O grande número de prontuários de editoras e gráficas registrados junto ao acervo DEOPS/SP atestam que tais espaços sempre estiveram sob a mira policial sensível aos sinais transgressores da ordem. Por outro lado, expressam também a mobilização de editores, tipógrafos, intelectuais, livreiros e leitores envolvidos na ação revolucionária. Tendo em vista a tipologia dos documentos confiscados pela polícia (livros, livretos, libelos, notas fiscais, catálogos etc.) não devemos subestimar o papel destes grupos clandestinos que, na sua essência, participavam de uma complicada rede de comunicação[1].

Num levantamento prévio acerca das editoras fichadas pelo DEOPS/SP constatamos que foram autuadas como "criminosas" entre 1931-1983 as seguintes empresas: Editorial Pax, Editorial Marenglen, Editora Unitas ou Graphica Editora Unitas Ltda., Editora Calvino, Editora Comercial Tupi-

1. Robert Darnton, em sua obra sobre os *best-sellers* proibidos da França pré-revolucionária, reconstituiu através de um interessante gráfico o "circuíto de comunicação dos livros" que se presta como referência para o tema aqui estudado. R. Darnton, *Os Best-Sellers Proibidos da França Pré-revoluncionária*, São Paulo, Companhia das Letras, 1998, p. 198.

nambá, Editora Gonzael, Editora Luvir, Editora Meridiano, Editora Brasil, Editora Bacelar, Editora Pan Americana, Editorial "A Sementeira", Editora Paulista, Editora Assunção, Editora Rideel, dentre outras[2].

Muitas editoras, como foi o caso da Editorial Pax, de propriedade de Alexandre Wainstein, valiam-se da fachada de certos gêneros literários (tradução de romances russo, por exemplo) para acobertar a divulgação de obras marxistas direcionadas aos interesses da esquerda revolucionária brasileira. A Editorial Pax funcionou em São Paulo durante os anos 30 e 40 tendo sido, em vários momentos, autuada pelos policiais do DEOPS que consideravam Alexandre Wainstein como "culpado em potencial": primeiro por ter origem russa e judaica, identidades que lhe conferiam qualidades de "sujeito esperto, inteligente e de muita cultura"; segundo, por servir ao Partido Comunista; e, terceiro, por comercializar obras traduzidas do russo para o português. Durante uma das várias "batidas" efetuadas à sua editora, a polícia confiscou-lhe cerca de 14 mil exemplares de livros que, posteriormente, foram queimados à moda nazista. Anos depois, Wainstein moveu um processo contra o Estado reivindicando o reembolso dos prejuízos decorrentes da queima dos livros de sua propriedade[3].

Uma outra editora que esteve sobre a mira constante do DEOPS foi a Editorial Marenglen, fundada em 1931 e que tinha como proposta editar obras "modernas" referentes a questões sociais, comunismo, socialismo e a realidade político-social da União Soviética. Suas traduções concentravam-se em obras de autores famosos e de reconhecimento mundial compondo uma verdadeira coletânea do movimento revolucionário contemporâneo (Lênin, Molotov, Lozovsky, Manuilsky, Gorski e outros). Títulos de autoria de Marx e Engels, por exemplo, receberam edições populares de grande tiragem, de forma a atingir o maior número de leitores possível. Cabe ressaltar que este era um momento de profunda renovação da mentalidade brasileira. Os grupos de resistência, sufocados pelo autoritarismo, tinham fome de literatura

2. *Prontuários: nº 831, Editorial Marenglen; nº 828, Editora Unitas; nº 864, Editorial Pax; nº 2168, Editora Paulista; nº 6275, Editora Luvir; nº 15516, Editora Meridiano; nº 45050, Editora Novo Mundo, Novo Brasil e Editora Rideel nº 48252, Editora Calvino; nº 93342, Editora Gonzael; nº 102184, Editora Assunção; nº 45050, Editora Bacelar; nº 100106, Editora Pan Americana; nº 120018, Editora Vitória; nº 125888, Editora Comercial Tupinambá.* DEOPS/SP.
3. *Pront. nº 909, de Alexandre Wainstein.* DEOPS/SP. AESP.

social e revoluncionária que, pelo fato de estar em língua estrangeira, era de difícil acesso. Esta situação justifica o principal objetivo do Editorial Marenglen: difundir na língua nacional uma literatura moderna publicada em volumes cuidadosamente traduzidos do original[4].

Antônio Candeias Duarte, proprietário da tipografia, envolveu-se diretamente com intelectuais da resistência interessados em multiplicar os conhecimentos sobre a URSS e o ideário socialista. Inclusive, Astrogildo Pereira – chegou a procurá-lo em 1931 para imprimir os livretos *O Que É o Plano Qüinqüenal* (*Il. 7*) e a *Em Marcha para o Socialismo* garantindo que "a venda de um pagaria o serviço do outro". Pressionado pelas autoridades policiais Candeias Duarte confessou que, apesar de ter conhecimento de que aqueles livros tratavam da questão social, seu serviço era apenas de técnico[5]. No entanto, a trajetória política de Antônio Candeias vinha de há muito tempo. E a polícia, certamente, mantinha seus arquivos atualizados[6].

Em maio de 1931, o DEOPS apreendeu da Editorial Marenglen cerca de 250 exemplares do livreto *O Que É o Plano Qüinqüenal*, endereçados às cidades de Ribeirão Preto e Cruzeiro, no interior do Estado de São Paulo. Outros 100 exemplares eram do livreto *Em Marcha para o Socialismo*, acompanhados dos respectivos linotipos, chapas e notas fiscais. Além de apreender todo esse material – comprometedor enquanto "prova do crime político" – as autoridades tentaram fechar o cerco em torno de outros possíveis suspeitos, operários da tipografia, dentre os quais estavam o tipógrafo e o paginador do jor-

4. *Pront. nº 831, do Editorial Marenglen Wainstein.* DEOPS/SP. AESP. *Pront. nº 909, de Alexandre Wainstein.* DEOPS/AESP.
5. Além de publicações deste gênero, a Editorial Marenglen foi acusada de imprimir jornais "subversivos" como *O Homem do Povo*, o que lhe valeu guarda diária pela polícia. O próprio Candeias – apesar de afirmar às autoridades policiais que estava afastado das lutas socialistas – chegou a escrever para este periódico com o pseudônimo de "Hélio Negro", até o momento em que se afastou por discordar de Oswald de Andrade. Candeias, que já era prontuariado no DEOPS desde 1917, possuía uma ficha bastante comprometedora: além de anarquista, era registrado como proprietário de uma oficina gráfica e figura de destaque da greve geral de 1917. Em 1919 escreveu em co-autoria com Edgard Leuenroth o livro *O Que É Marxismo ou Bolchevismo. Programa Comunista*, São Paulo, S. L. Maram, *Anarquistas, Imigrantes e o Movimento Operário 1890-1920*, Rio de Janeiro, Paz e Terra, 1978, p. 81.
6. Em uma das relações de livros apreendidos da Empreza Editora Unitas ou Graphica Editora Unitas Ltda., em 1931, aparece citado o título *São Paulo-Metrópole*, como sendo de autoria de Hélio Negro. *Pront. nº 828. Empreza Editora Unitas ou Graphica Editora Unitas Ltda.* DEOPS/SP; Termo de Declaração de Antônio Candeias Duarte, São Paulo, 25 maio 1931, *Pront. nº 831 Editorial Marenglen.* DEOPS/AESP.

O

QUE É

O PLANO

QUINQUENNAL

SÃO PAULO

1931

7 *O Que É o Plano Qüinqüenal.* São Paulo, Editorial Marenglen, 1931. *Pront. nº 831, Editorial Marenglen.* DEOPS/SP. AESP.

nal *O Homem do Povo*. O primeiro era Domingos Memmo, contratado para serviços de impressão de programas de teatro, cinemas etc. João Freire de Oliveira, além de paginador, ajudava na impressão e composição dos livretos. Aliás, este chegou a declarar que "sabia que Candeias era agitador e comunista antigo e que a circular *Ao Povo* já estava pronta quando ele lá foi trabalhar, assim como a *Classe Operária*, material apreendido pela polícia[7].

Através de uma minuciosa investigação junto ao Correio Geral, a Delegacia de Ordem Social constatou que a Editorial Marenglen possuía um endereço postal especialmente destinado às encomendas de suas publicações. Esta caixa postal encontrava-se em nome de João Freire de Oliveira descrito como "conhecido agitador" e um dos fundadores do jornal anarquista *O Solitário*, editado em Santos. Nos arquivos policiais constava também que João Freire chefiava a Secção Brasileira da Internacional Comunista e havia sido candidato em 1925, às eleições municipais como representante do Partido Comunista.

A trilogia *comunismo*, *editoras* e *gráficas* era sempre comprometedora, principalmente quando o tema URSS entrava em pauta. A Polícia Política nem precisava de muitas palavras para registrar o "delito". Bastava elaborar uma relação de livros, endereços ou nomes, sem qualquer outra explicação. Podemos considerar que, entre 1935 e 1937, os órgãos repressores fecharam o cerco aos comunistas que, após a fundação da Aliança Nacional Libertadora reunia comunistas e esquerdistas de diferentes matizes. A militância política radical era incrementada através da propagação de obras antifascistas e antiimperialistas que circulavam nos bastidores dos sindicatos, fábricas e associações corporativas. Valendo-se de pequenas brochuras e opúsculos, os "vermelhos" protestavam contra a "Lei Monstro", as prisões arbitrárias, os baixos salários, o autoritarismo do governo Vargas etc.

O olhar dos investigadores policiais voltou-se para a redação de *A Plebe*, localizada na Avenida Rangel Pestana, nº 251. Descobriu-se que ali funcionava a Editorial "A Sementeira" responsável pela publicação dos livros: *Alforria Final*, de Diego A. de Santillan, *O Evangelho da Hora*, de Paulo Berthelot, *Deus Existe?*, de Sebastian Faure, *Serviço Militar Obrigatório*, de Maria Lacerda de Moura, e *Da Escravidão a Liberdade*, por Florentino de Carvalho. Uma série

7. Relação Operários da Tipografia da R. Augusto de Queiróz, 28. *Pront. nº 831 Editorial Marenglen*. DEOPS/AESP.

de outros livros estrangeiros, traduzidos para o português, foi apreendida naquela mesma redação: *A Dor Universal*, de Sebastian Faure; *O Anarquismo em Face da Sciencia*, de Pedro Hropotkine; *O Marxismo. Antes e Depois de Marx*, de Varlan Tcherkesoff; *O Que É Propriedade*, de J.-P. Proudhon; *O Comunismo Libertário*, de Errico Malatesta, e *Poesias e Hinos Libertários*, coletânea de diversos autores.

Segundo um "editorial" de "A Sementeira", *Poesias e Hinos Libertários* (1933) (*Il. 8*) nasceu da iniciativa se publicar mensalmente um folheto dedicado aos ideais da emancipação do homem. A primeira tentativa, que levaria o título de *Em Tempo de Eleições*, de Malatesta, foi abortada pelas circunstâncias, o que não impediu de vir a público o número 2[8]. As dezesseis páginas desta brochura contêm duas letras de músicas – *A Internacional* [de Eugéne Pottier] e música de Pierre Degester; *Primeiro de Maio*, música de G. Verdi [de Pedro Gori] – além de oito versos cujos títulos antecipam o conteúdo: "Filhos do Povo", texto apócrifo; "Rebelião", de Ricardo Gonçalves; "Ideal que Redime (a Propósito da Tragédia de Chicago)", de Souza Passos; "Clangor Anarquista", de Martins Fontes; "Coação (a Propósito da Prisão de Militantes)", de Adalberto Vianna; "Parasitas", de Guerra Junqueiro; "Sem Deus, Sem Lar, Sem Nada...", de Pereyra del Rio; e "Photo-proletários", de Cila. Escrito em Lins, em março de 1933, o poema "Photo-proletários" é o "retrato falado" de uma menina de olhos tristes e do seu lar, um cortiço imundo, sem luz e sem água. Este lugar, segundo o poeta, é tão sórdido e infecto que causa nojo ao próprio senhorio. Ali só há água estagnada onde a "stegomya faz sua prole". Não há luz, nem conforto ainda que os jornais propagassem que "as habitações do Sr. fulano de tal eram as mais hygienicas da capital... ". Mas, por que os jornais? Porque a menina de olhos tristes faleceu e o senhorio disse aos jornalistas que "há muito que ella soffria do coração"[9].

O tom de denúncia deste livreto se faz reforçado pela ilustração impressa na capa e que vem assinada por J. B. Pelayo. O tema é a rebelião das massas, representada por sua invisibilidade. Três personagens (um capitalista, um general e um clérigo) com orelhas e expressões vampirescas caminham aterrorizados em direção a um pricipício. Este seria o momento, segundo os

8. *Poesias e Hinos Libertários*, Editorial "A Sementeira", nº 2, São Paulo, fevereiro de 1933.
9. "Photo-proletarios", de Cila. Lins, março de 1933, *Poesias e Hinos Libertários*, coletânea de diversos autores, Editorial "A Sementeira", nº 2, São Paulo, fevereiro de 1933.

Editorial "A Sementeira" — N.º 2

VARIOS AUTORES

Poesias e hinos libertarios

E quando comece a luta
Quando explodir a tormenta
....
Ricardo Gonçalves.

Editorial "A SEMENTEIRA"
Caixa Postal 195
S. Paulo — Brasil
FEVEREIRO DE 1933

8 *Poesias e Hinos Libertários*, vários autores. São Paulo: Editorial "A Sementeira" (Nº 2), fevereiro, 1933. *Pront. nº 1262, Benedito Romano*, 1º vol. DEOPS/AESP.

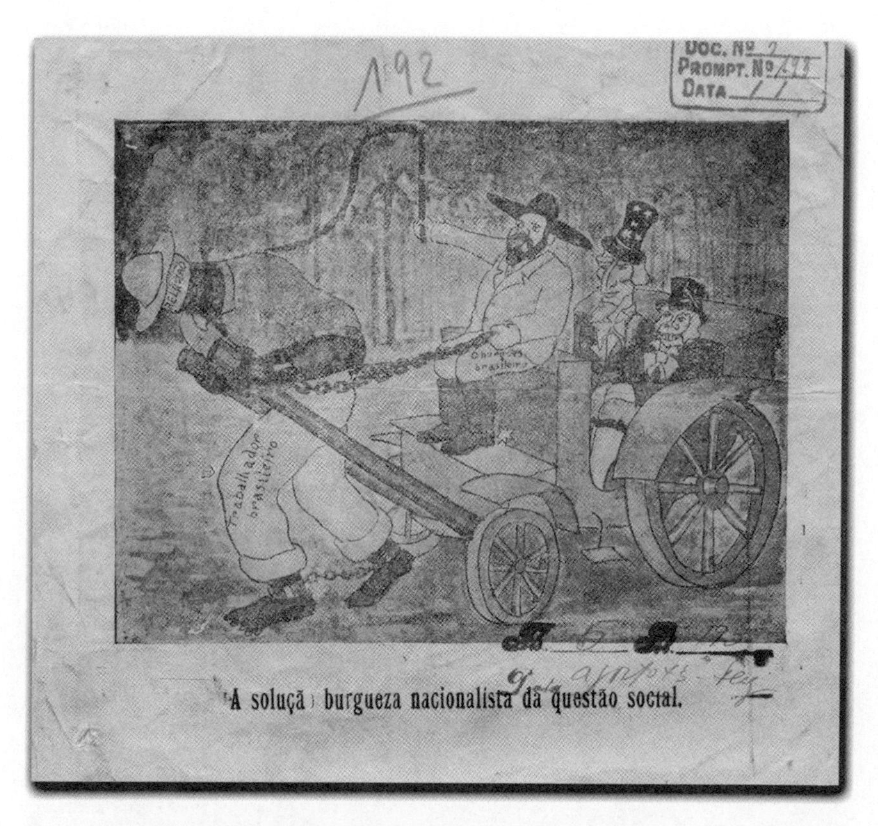

9 *A Solução Burguesa Nacionalista da Questão Social*, apreendida em agosto de 1943. Ilustração apreendida de Hygino Alonso Delgado em agosto de 1943. *Pront. nº 192, Hygino Alonso Delgado.* DEOPS/SP. AESP.

versos de Ricardo Gonçalves, em que em que "a sociedade corrupta haveria de cair aos pedaços, voando em estilhaços numa ruína espantosa... ". Lá do fundo (que se faz vazio) ecoa uma voz que apavora, como se fosse um vago murmúrio: "é o clamor das populaças, é a voz rouca e relutante dos desprotegidos, daqueles que tititam de frio e não têm pão para a boca"[10] (*Il. 9*).

Diante deste conteúdo, podemos considerar que os órgãos de repressão tinham razões suficientes para tentar conter qualquer "colheita" por parte de "A Sementeira" que, caminhava nas sombras, tentando espalhar suas idéias. Segundo o investigador Estevan Novazzi, a Caixa Postal nº 2162 indicada para

10. "Rebelião", versos de Ricardo Gonçalves, *Poesias e Hinos Libertários*, *op. cit.*, pp. 5-7.

a remessa dos pedidos dos livros não pertencia a Editorial "A Sementeira" e sim ao jornal *A Lanterna*, cuja triagem também era feita pelo jornal *A Plebe*. Novazzi comentou que tais livros eram vendidos por preços irrisórios entre os operários que se viam seduzidos pelos reclames (*Il. 10*) nos jornais, motivo que o levou a anexar aos autos uma exemplar do jornal *A Plebe*, publicado em 14 de setembro de 1935[11].

Em 1937, o nome do Editorial Paulista foi grifado numa extensa relação de "pessoas" processadas por atividades comunistas e cujos inquéritos haviam sido remetidos ao Tribunal de Segurança Nacional. Na capa do prontuário apenas a identificação formal: *Editorial Paulista*, complementado com o adjetivo "comunista"[12].

O Editorial Pan América, de Buenos Aires, por sua vez, vivenciou uma situação ainda mais esdrúxula. Em 7 de junho de 1949, o Delegado-chefe do Arquivo Geral fez arquivar, uma singular listagem de títulos acompanhados dos endereços dos destinatários, todos residentes em Moscou e Leningrado (URSS). Estes prováveis "clientes" da Pan América deveriam receber, de forma diferenciada, os seguintes periódicos que, pelos títulos, nada continham de revolucionário: *Correio da Manhã, Revista de Entomologia, Revista Sociologia, Revista Brazileira Leprologia, Revista Brasileira de Biologia, Revista Orquídea, Revista Miesu Lútuva, Jornal do Comércio, Revista Química e Indústria, Revista Brasileira de Geografia, Revista Clínica e Biológica, Revista Economista, Jornal de Debates-Brasil, Mineração e Metalurgia, O Jornal-Brasil* e *Diário de Notícia*. Imaginamos que, segundo a lógica policial, o que pairava no ar como elemento de suspeita era a constatação de um intercâmbio camuflado: para a URSS iam periódicos científicos que retornavam sob a forma de "livros sediciosos"[13].

A Empreza Editora Unitas ou Graphica Editora Unitas Ltda. – então sob a direção de S. C. Pintaudi, membro efetivo do Partido Comunista – também não escapou do crivo da vigilância atenta a todos os produtores e possíveis

11. "Relatório de Estevan Novazzi, do Serviço de Investigação para o Delegado da Ordem Social", São Paulo, 17 de setembro de 1935, *Pront. nº 2303, Jornal A Plebe*. DEOPS/SP. AESP.
12. *Relação nominal das pessoas processadas por atividades comunistas e cujos inquéritos já foram remettidos ao Tribunal*... São Paulo, 13 de abril de 1947, fl. 3. *Pront. nº 2168, Editorial Paulista. Comunista*. DEOPS/AESP.
13. "Relação de períodicos a serem distribuídos pelo Editorial Pan América", São Paulo, 7 de junho de 1949, *Pront. nº 100106, Editorial Pan América*. DEOPS/AESP.

"O MARXISMO" - Antes e depois de Marx"

Muito se tem falado e se fala do Manifesto Comunista, de Marx, a quem dito manifesto é atribuído. Entretanto, os estudiosos que quizerem conhecer as origens do marxismo, devem ler esta obra que acaba de ser editada pela Biblioteca Prometheu, em que o seu autor, Varlan Tcherkesoff, demonstra, não só as verdadeiras origens do marxismo, como ainda nos apresenta Karl Marx com uma feição diversa da que lhe dão por aí os partidarios da ditadura do proletariado.

10 Reclame do livro *O Marxismo. Antes e Depois de Marx*, publicado pelo *Editorial "A Sementeira"*. São Paulo, 14 de setembro de 1935. *Pront. nº 2303, A Plebe*. DEOPS/SP. AESP.

divulgadores do credo vermelho. Esta encontra-se listada numa "relação nominal das pessoas processadas por atividades comunistas", datada de 13 de abril de 1937, e cujo inquérito havia sido remetido ao Tribunal de Segurança Nacional.

A trajetória da Unitas junto aos arquivos policiais data de muito antes: em 6 de abril de 1936, a editora já havia sido alvo de um auto de verificação por parte da Delegacia de Ordem Social que lhe apreendera, *in loco*, o *stock* dos livros considerados de "caráter subversivo, em face da segurança nacional e da instabilidade das instituições". A título de ilustração desta varredura ideológica, selecionamos algumas das obras confiscadas em grandes quantidades: 1451 volumes de *Karl Marx – Sua Vida, Sua Obra*, de Max Beer; 798 volumes de *Os Problemas do Desenvolvimento da URSS*, de L. Trótski; 956 volumes de *O Marxismo*, de Kautsky, Lênin, Plekhanov, Rosa Luxemburgo; 581 volumes de *O Que É a Revolução de Outubro*, de Trótski; 810 volumes do *Manifesto Comunista*, de Marx e Engels; 1014 volumes de *Poemas Proletários*, de Paulo Torres; 1060 volumes de *O Anarquismo*, de Kropotkin; 325 volumes (brochura) de *Han Rymer* e *Amor Plural*, de Maria Lacerda de Moura, dentre centenas e centenas de outros títulos. Em 1938, após ter sido requerida a massa falida da Gráfica Editora Unitas Ltda., o DEOPS ordenou o confisco de 25 696 livros, sendo remetido ao Sr. Juiz um exemplar de cada título[14].

Durante o Estado Novo, principalmente após 1939, as editoras ficavam entre dois fogos repressores: o DOPS e o DIP, ambos apoiados pela ação de suas sessões estaduais que garantiam a "caça" aos livros proibidos. Mas, nem sempre o confisco se fazia com base em justificativas objetivas. As ordens de confisco chegavam a ser endossadas e cumpridas por todos departamentos que, sequer, se interessavam em avaliar o conteúdo da referida obra. Em 12 de março de 1943, por exemplo, foi aberto um processo contra a Editora Meridiano responsável pela publicação do livro *Minha Vida e Meus Amores*, de Frank Harris, reconhecido biógrafo de *Oscar Wilde, Sua Vida e Confissões*[15].

O pedido, emitido pelo Diretor Geral do DIP foi endossado pelo Major Hildebertto Vieira de Mello, Superintendente de Segurança Política e Social

14. "Auto de Verificação e Apprehensão". Delegacia de Ordem Social. São Paulo, 6 abr. 1936, doc. 7 . *Pront. nº 828, Empreza Editora Unitas ou Graphica Editora Unitas Ltda.* DEOPS/SP.
15. Frank Harris, *Oscar Wilde, Sua Vida e Confissões*, trad. Godofredo Rangel, São Paulo, Companhia Editora Nacional, 1939.

de São Paulo. Um único registro ressalta que "pedido idêntico já havia sido feito pelo Departamento Estadual de Imprensa e Propaganda do Rio Grande do Sul"[16]. Nada mais. Em 8 de maio de 1944, Rui Tavares Monteiro, Delegado do DEOPS, informou que "foi providenciado, em seu devido tempo" a apreensão da edição do referido livro[17].

Neste mesmo ano de 1943, Augusto Gonzaga, Delegado de Ordem Política e Social, cumprindo determinação do DEIP, recomendou ao Delegado Regional de Campinas (SP) a apreensão de todos os exemplares editados pela Editora Calvino Ltda., firma sediada no Rio de Janeiro e que porventura se achassem à venda em qualquer localidade daquela região. Dois investigadores haviam constatado, ao passarem por Campinas, que alguns exemplares estavam expostos à venda na Agência da Estação e na Agência Rink. Informava ainda que um "mesmo volume" continha as biografias de Timoshenko e de Mac Arthur, de autoria de Walter Mehring e Bob Considine respectivamente com os seguintes títulos: *Timoshenko: A Vida Impressionante do Marechal Russo* e *Mac Arthur: Uma Vida Empolgante a Serviço da Democracia*, ambos traduzidos para o português por Alzira Rego. Os exemplares eram enfaixados por uma tira de papel amarelo na qual se lia: "Este livro contém o texto completo da NOVA CONSTITUIÇÃO DA URSS"[18].

As ordens foram cumpridas: vários exemplares foram apreendidos pela Delegacia Regional de Campinas, em diferentes datas e cidades: dois exemplares foram encontrados na Tipografia "Brasil" em Rio Claro (SP) cujo gerente declarou que outros seis volumes haviam sido enviados para as filiais de Marília, Pirajuí e Cafelândia, ignorando quais teriam sido os compradores[19]. Em julho de 1943, a Delegacia de Bauru apreendeu junto a Livraria

16. *Ofício de Candito Motta Filho, Diretor do Departamento Estadual de Imprensa e Propaganda para Major Hildeberto Vieira de Mello, Superintendente de Segurança Política e Social*, São Paulo, 12 de março de 1943. Doc. 2, fl. 4.

17. *Ofício de Rui Tavares Monteito, Delegado da Ordem Política e Social de São Paulo para Diretor Geral do Departamento Estadual de Imprensa e Propaganda.* São Paulo, 8 de maio de 1944. *Pront. nº 15516, Editora Meridiano.* Doc. 5, fl. 1. DEOPS/SP.

18. *Ofício de Augusto Gonzaga, Delegado de Ordem Política e Social para o Delegado Regional de Polícia.* São Paulo, junho de 1943, fl. 3; *Ofício de Carlos Marques, Sub-chefe da Ordem Social para Carlos E. Bittencourt Fonseca, Delegado-adjunto da Ordem Social.* São Paulo, 7 de junho de 1943, fl. 2. *Pront. nº 48252, Editora Calvino Ltda.* Rio de Janeiro. DEOPS/SP. AESP.

19. *Termo de Declarações de João Alves de Souza, gerente da Livraria e Tipografia Brasil ao Delegado Regional da Polícia de Bauru.* Bauru, 13 de junho de 1943, fl. 5. DEOPS/SP. AESP.

Brasil mais um exemplar do livro de Mehring acompanhado das respectivas rotogravuras[20].

Radiotelegramas-circulares multiplicaram as ordens de busca pela região de Campinas. A caça às biografias de Timoshenko e de Mac Arthur continuou sob a supervisão da Delegacia Regional de Polícia de Penápolis. Entre 9 de junho e 11 de setembro de 1943, 2 volumes foram apreendidos na Livraria "O Livro Azul", na cidade de Birigüi, 6 em Penápolis, 2 em Lins, na Livraria e Tipografia Moderna, 2 em Cafelândia e 1 em Sorocaba, na Livraria "São Luiz". Segundo declaração de Gumercindo Mendes Craveiro, proprietário da Livraria e Typografia Moderna, os referidos livros haviam sido enviados em consignação por iniciativa da Editora Calvino e "a título de novidade"[21].

Em Campinas, os referidos livros foram localizados na livraria instalada na plataforma da Estação da Companhia Paulista de Estrada de Ferro, na Agência Rink, e na Livraria João Amendola, totalizando em 4 volumes confiscados[22]. Encaminhados via correio à Superintendência de Segurança Política e Social, alguns destes exemplares passaram a fazer parte da "biblioteca do salão dos investigadores", uma forma didática de doutrinação oficial acerca dos conteúdos proibidos.

Com a instauração de uma ditadura militar em 1964, as atividades da polícia política foram reorientadas pelos primeiros Atos Institucionais, a outorga da Constituição de 1969 e a promulgação do AI-5 que, no seu conjunto, (re)instalaram o Estado de Segurança Nacional. A partir deste momento criou-se uma verdadeira "comunidade de informações" preconizada em nome da Doutrina de Segurança Nacional. Agentes categorizados da re-

20. *Auto de Apreensão.* Rio Claro, 11 de junho de 1940, fl. 4; *Recibo atestando o recebimento dos livros de autoria de Walter Mehring.* São Paulo, 11 de junho de 1944; *Informe de Amoroso Netto para oficiar o D.E.I.P.* Bauru, 21 de junho de 1943, fl. 2.

21. *Radiotelegrama nº 118 de Geraldo Cardoso de Mello, Delegado Regional de Polícia.* Penápolis, 8 de junho de 1943, fl. 2; *Auto de Exibição e de Apreensão de livros pela Delegacia de Lins.* Lins, 9 de junho de 1943. fl. 3; *Termo de Declarações de Gumercindo Mendes Craveiro à Luiz Colombo d'Avila Florence, Delegado de Polícia de Lins.* Lins, 10 de junho de 1943, fl. 5; *Ofício de Vidal A. Figueira de Aguiar, Delegado Regional de Sorocaba para o Delegado do DEOPS.* Sorocaba, 8 de julho de 1943. *Pront. nº 48252, Calvino Ltda. Rio de Janeiro.* DEOPS. AESP

22. *Auto de Apreensão na Livraria João Amendola por Edmundo Pereira da Fonseca, Delegado Regional de Polícia.* Campinas, 10 de junho de 1943, fl. 5; *Auto de Apreensão na Agencia Rink por Edmundo Pereira da Fonseca, Delegado Regional de Polícia.* Campinas, 10 de junho de 1943, fl. 4. *Pront. nº 48252, Calvino Ltda. Rio de Janeiro.* DEOPS/SP. AESP.

pressão foram acionados com vistas a produzir informações e centralizar os informes que deveriam alimentar a ação do recém-criado Serviço Nacional de Informações (SNI) e demais órgãos de inteligência militares (Ciex, Cisa e Cenimar). Em foco continuavam os intelectuais, artistas, professores universitários, editoras e livrarias[23].

Através do SNI – órgão criado em 1964 e ao qual estavam subordinados todos os demais órgãos repressivos – tentou-se compor uma estrutura única, integrada e harmônica, capaz de dar conta do controle da população. Diante deste objetivo, importante função foi delegada ao Destacamento de Operações de Informação – Centro de Operações de Defesa Interna, DOI-CODI, em torno do qual se concentraram representantes de todas as forças policiais. Assim, a tradicional *lógica da suspeição* apresentou-se armada por uma logística *militar* e, em conjunto, ofereceram aos agentes da repressão estratégias adequadas para enfrentar os grupos revolucionários.

Órgãos de repressão subordinados ao *staff* do regime foram alocados por todo o país sob a coordenação de um militar assessorado por *analistas de informações*, verdadeira elite do sistema[24]. Inquiridores, investigadores, informantes "oficiais" e "espontâneos", passaram a produzir uma verdadeira trama de informações que, classificadas por sugestivas palavras-chaves, legitimavam a repressão. Agentes invisíveis, numa verdadeira cumplicidade com o regime, emergiram por todos os poros da sociedade que vivia em constante estado de alerta. Associações identificadas com as ideologias conservadoras (como a TFP-Tradição, Família e Propriedade, grupo ligado à ala ultraconservadora da Igreja Católica, o Comando Geral Democrático e o Comando de Caça aos Comunistas) passaram a cooperar com o regime somando forças na luta contra o inimigo-maior: o comunistas.

Denúncias de todos os tipos encontram-se registradas no Arquivo Geral do DEOPS/SP que continuou encarregado de investigar a circulação das "idéias e dos livros proibidos". Em abril de 1964, vários cidadãos freqüentadores do Edifício Martinelli foram chamados para prestar declaração sobre a Editora Vitória que mantinha, naquele edifício, um entreposto de livros

23. Grande parte destes registros encontra-se DEOPS, em nível estadual. Sobre a comunidade de informações ver Marionilde Dias Brephol de Magalhães, *A Lógica da Suspeição: Sobre os Aparelhos Repressivos à Época da Ditadura; Revista Brasileira de História*, São Paulo, vol. 17 (34), 1997, pp. 203-221.

24. *Idem*, p. 205.

que tratavam de assuntos comunistas. Gualter Augusto da Silva, do escritório comercial "Organização Progresso de Informações" (e que funcionava em frente da sala da Editora Vitória) confirmou que, ao presenciar a "batida" policial, "teve a oportunidade então de ver que todos os livros tratavam de assuntos comunistas, havendo também grande quantidade de panfletos, ou pequenos livros, também alusivos ao mesmo regime"[25].

25. *Assentada da testemunha Gualter Augusto da Silva para Everaldo Duarte Garcia, Delegado-adjunto da Delegacia de Ordem Social.* São Paulo, 15 de abril de 1964. *Pront. nº 120018, Editora Vitória.* DEOPS/SP.

Artesãos da Subversão

A UTG (União dos Trabalhores Gráficos), pelo fato de ser um dos sindicatos controlados pelos comunistas desde a década de 20, transformou-se num dos principais focos de atenção do DEOPS de São Paulo. A intensificação da repressão aos gráficos deve ser avaliada sob dois prismas distintos: por sua tradicional posição reivindicatória e de crítica ao governo varguista; e por sua atividade profissional, enquanto "compositores" de textos sediciosos.

Em 1929, durante uma prolongada greve em que exigiam o cumprimento de leis trabalhistas aprovadas pelo Legislativo entre 1925-1927[1], os gráficos entraram em confronto direto com a polícia. Numa crítica ferrenha ao "capitalismo todo-poderoso", acusavam o governo de estar sendo conivente com a burguesia industrial que, além de explorar o trabalho infantil, também não respeitava a Lei de Férias e nem davam proteção às mulheres operárias[2].

No decorrer dos anos 30, coube aos órgãos de repressão isolar todo e qualquer movimento que atentasse à segurança nacional. A vigilância sistemáti-

1. Desde 1919 uma série de leis estavam sendo implementadas pelo governo que, na opinião dos trabalhadores gráficos, estava comprometido com a oligarquia cafeira. Dentre os principais decretos temos: *Decreto nº 3.714*, de 1919, reformulada em 1923: Lei de Acidente de Trabalho; *Decreto nº 4.682*, de 1923. Criação das Caixas de Aposentadorias e Pensões e estabilidade de emprego para os ferroviários; *Decreto nº 4.982*, de 1925. Instituição do Direito de Férias; *Decreto nº 17.496*, 1926. Código de Menores; *Decreto nº 17.943-A*, de 1927. Define limites da exploração de Menores.
2. "Boletim de Greve", *O Trabalhador Gráfico*, 20.4.1929, p. 2.

ca a ação política dos gráficos, assim como aos ferroviários e tecelões, obrigou-os a ficarem confinados a espaços fechados: sede de sindicato e local de trabalho. Conivente com os interesses dos empresários, a polícia procurou esfacelar todo e qualquer movimento de resistência, dentre os quais aquele sustentado pelos gráficos. Em 1932, a UTG teve sua sede invadida durante uma reunião de sindicalistas, momento em que vários membros sindicais foram presos sob a acusação de fazerem "agitação operária"[3].

Temos também que considerar que a produção de um livro ou um libelo, por mais simples que fosse, era produto da habilidade e astúcia do tipógrafo. Dele dependia, em parte, a democratização da cultura e a multiplicação das idéias sediciosas. As tipografias que prestavam serviços aos grupos "revolucionários" podem ser classificadas em dois tipos, se consideradas as formas de prestação de serviços, a organização do espaço de trabalho e as técnicas tipográficas (do artesanal ao mecânico).

Assim temos: a) *aquelas que atuavam na clandestinidade* funcionando nas mais precárias condições, como se fossem uma espécie de "cozinha tipográfica" montada nos bastidores de uma residência; b) *aquelas que funcionavam como indústrias gráficas*, ainda que de pequeno porte. Estas tratavam o impresso como uma *mercadoria*, enquanto que as "clandestinas" o produziam enquanto *veículo camuflado de idéias*[4]. Temos que considerar que uma indústria gráfica só assumia a edição de um livro de conteúdo sedicioso se estivesse diretamente envolvida com o cliente, fosse por relações de amizade ou ideológica. Os riscos eram evidentes: no caso de uma delação: a firma teria a sua produção apreendida e o seu espaço "lacrado" pela polícia[5].

Em agosto de 1932, o Gabinete de Investigações do DEOPS localizou à Avenida Celso Garcia nº 119, em São Paulo, uma tipografia "caseira" do Partido Comunista Brasileiro. Clichês e a composição de um boletim de *A Classe Operária* foram fotografados como "prova do crime". O olhar direcionado do fotógrafo captou detalhes "comprometedores" do quarto de dormir do casal comunista Manoel Ferreira da Silva e Helena da Silva, responsáveis

3. Z. L. Silva, *A Domesticação dos Trabalhadores*, São Paulo, Marco Zero, 1990, p. 120; *O Estado de S. Paulo*, 13.5.1932. AESP.
4. W. Martins, *A Palavra Escrita. História do Livro, da Iimprensa e da Biblioteca*, São Paulo, Ática, 1998, pp. 234-235.
5. Como exemplo desta situação temos o caso do Editorial Pax. *Pront. nº 909*. DEOPS/SP. AESP.

pelos trabalhos gráficos. A cama desarrumada e o lixo espalhado pelo chão, em meio a uma maleta, chinelos velhos e pontas de cigarro amassadas, expressam *desordem* e *improvisação*. Sob uma velha cômoda, vidros de colônia, uma lata de talco e bibelôs atestam que ali vive uma mulher. Em meio a esta "perfumaria", o relógio marca a "hora da batida": 10,25 horas[6] (*Il. 11*).

A foto de um açalpão no forro da cozinha atesta a descoberta do "esconderijo" para guarda do material subversivo: pacotes de jornais e boletins comunistas. Em um outro cômodo, o cenário "arrumado para ser fotografado", expõe as gavetas entreabertas de tipos, a máquina de impressão, pacotes de impressos, latas de óleo e graxa. No chão, cuidadosamente expostas, cópias multiplicadas de textos sediciosos[7].

Raras são as informações sobre uma outra tipografia detectada, em 19 de março de 1932, junto a propriedade do lituano Abraham Kovalsky, na Água Fria (bairro de Santana). A foto de uma garagem suja de tinta (ou óleo de máquina), jornais amassados, pedaços de madeira e caixotes quebrados, nos diz muito pouco. A legenda completa a imagem: "Photographia da garagem do prédio nº 5, da rua Alves Ferreira... onde terá sido apprehendida, na manhã de hontem, uma officina typographica... na qual se imprimiam jornaes e boletins communistas"[8].

Finalmente, na madrugada do dia 28 de maio de 1936, a Delegacia de Ordem Social de São Paulo "apreendeu" a Typographia do Partido Comunista Brasileiro localizada numa casa térrea do bairro do Caxingui, em São Paulo (*Il. 12*). O crime da sedição foi fotografado de forma a registrar: o *arsenal de impressão*, os *textos proibidos* e os *espaços clandestinos*. Cinqüenta e seis fotografias foram cuidadosamente organizadas no *Prontuário nº 2259*, uma espécie de álbum fotográfico sobre as técnicas de impressão e camuflagem do Partido Comunista Brasileiro[9].

Como provas do *arsenal de impressão* foram fotografadas: quatro matrizes tipográficas, várias peças de máquinas de aparar e picotar papéis, matriz

6. *Fotografias 2, 3 e 4. Delegacia de Ordem Política e Social.* São Paulo, 18 de agosto de 1933. Doc. 6, 7 e 8. *Pront. nº 2259, Typographia Communista.* DEOPS/SP.
7. *Idem*, doc. 2.
8. *Foto 4.* São Paulo, 23 de fevereiro de 1933. Doc. 15, fl. 15. *Pront. nº 2259, Typographia Communista.* DEOPS/SP.
9. *Fotografias 2, 3 e 4. Delegacia de Ordem Política e Social.* São Paulo, 18 de agosto de 1933. Doc. 6, 7 e 8. *Pront. nº 2259, Typographia Communista.* DEOPS/SP.

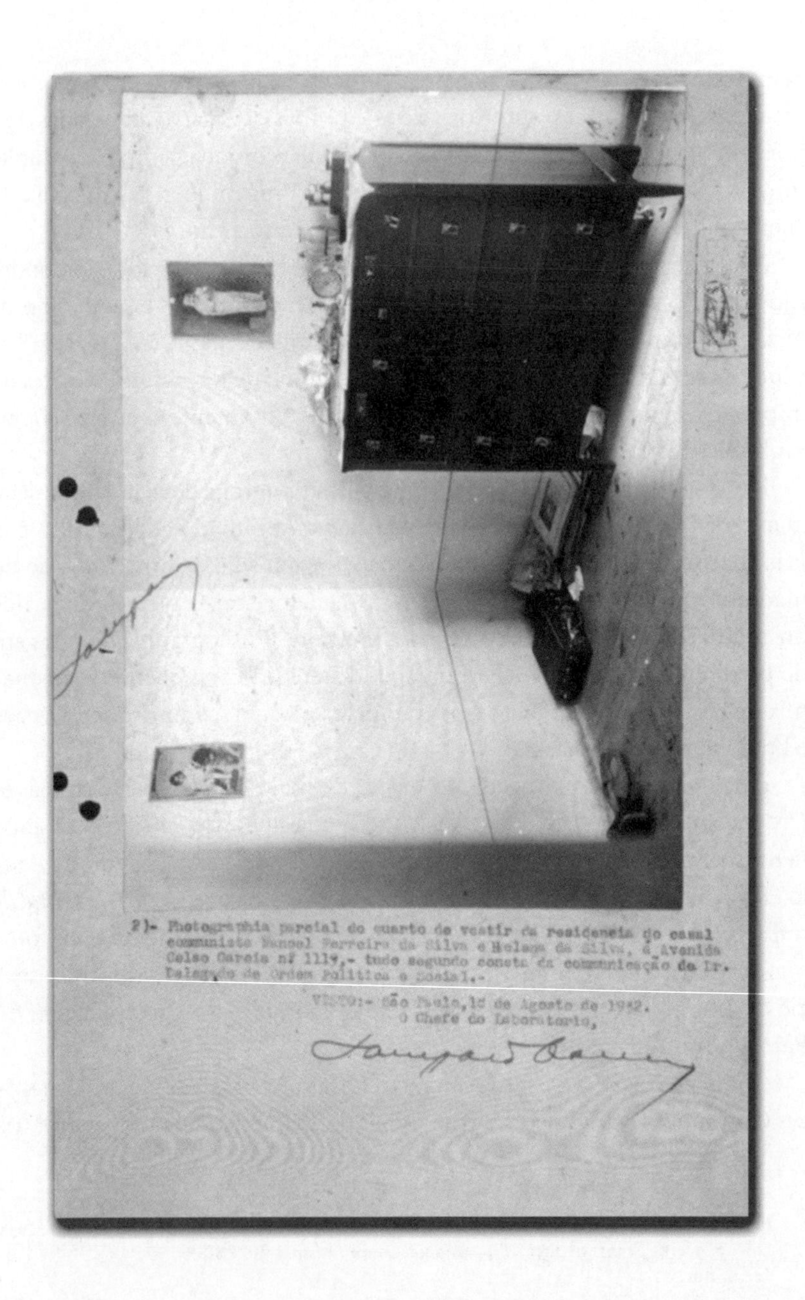

11 A IMAGEM DA DESORDEM E DA IMPROVISÃO. VISTA PARCIAL DO QUARTO DE DORMIR DO CASAL M. FERREIRA DA SILVA E H. DA SILVA, TIPÓGRAFOS DO PARTIDO COMUNISTA BRASILEIRO. SÃO PAULO, AGOSTO DE 1933. *PRONT. Nº 2259, TYPOGRAPHIA COMMUNISTA*, 1º VOL. DEOPS/AESP.

1) Photographia, executada neste Laboratorio, de quatro matrizes typographicas apprehendidas na madrugada do dia 28 do mez p.findo, por occasião da diligencia levada a effeito pela Superintendencia de Ordem Politica e Social, em uma casa situada no bairro do Caxinguy, nesta Capital, onde se encontrava installada uma typographia pertencente ao Partido Communista Brasileiro.

VISTO:- São Paulo, 2 de Maio de 1936.
O Director do Laboratorio,

N/C

12 Matrizes tipográficas apreendidas na tipografia do Partido Comunista Brasileiro, sediada no bairro do Caxingui, São Paulo, em 28 de abril de 1936. *Pront. nº 2259, Typographia Communista*, 1º vol. DEOPS/AESP.

que se encontrava na máquina impressora, múltiplos exemplares de matrizes tipográficas e fac-símiles correspondentes aos impressos em papel. Para completar, uma vista parcial da tipografia com o maquinário e móveis[10] (*Il. 13 a, b, c*).

O conteúdo de artigos a serem publicados pelo jornal *A Classe Operária* justifica a clandestinidade: propaganda ostensiva do ideário comunista e crítica ferrenha ao governo Vargas. As manchetes dizem por si: "O Ascenso Revolucionário nas Américas", "A Luta do Povo Chinez Contra o Invasor Estrangeiro. Um appello do Comitê Central do Partido Comunista da China", "A Quadrilha Odienta de Getúlio", "Eliminação dos 'Extremistas' dos Sindicatos", "Estado de Guerra: Guerra de Morte a todo o POVO DO BRASIL"[11].

Uma ilustração que tem como tema o extermínio do povo brasileiro pela "quadrilha de Getúlio e Sales Oliveira" complementa o artigo "Estado de Guerra". Os policiais são retratados com fisionomias monstruosas e atitudes que denunciam a prática da tortura e morte por enforcamento e fuzilamento. As figuras de Vargas, Sales de Oliveira e de um industrial (mascarado) acobertados pelas cortinas dos bastidores do poder espreitam o massacre de homens, mulheres e crianças[12].

Foram também fotografados dizeres manuscritos a lápis constantes do verso da costaneira da folha de papel almasso sem pauta encontrada no local. O texto convoca os trabalhadores da construção civil a comemorar "dignamente o 1º de maio unindo-se em torno de suas revindicações mais imediatas: aumento de salários, férias, 8 horas diárias, pagamento quinzenal, garantias de emprego e pagamento". Clamando pela liberdade imediata dos presos políticos, dentre os quais Luís Carlos Prestes (tratado como "valente lutador anti-imperialista, filho e chefe de todo o povo brasileiro"), o artigo convoca os "companheiros" a ingressarem no sindicato da categoria com o objetivo de "levantar o grito de protesto contra o regime capitalista da fome, miséria e opressão"[13].

10. *Foto 4*. São Paulo, 2 de maio de 1936. Doc. 51, fl. 49. *Pront. nº 2259, Typographia Communista.* DEOPS/SP.
11. *A Classe Operária*, nº 194, pp. 1, 2, 7 e 9. *Pront. nº 2259, Typographia Communista.* DEOPS/SP.
12. Ilustração: "Trabalhadores de São Paulo". Comitê Regional do PCB. *A Classe Operária.* São Paulo, 1º de maio de 1936. Fac-símile nº 3. *Pront. nº 2259, Typographia Communista.* DEOPS/SP.
13. *Trabalhadores da Construção Civil* (ms.), s./d. reprodução fotográfica nºs 6 e 14. Laborató-

13A Oficina tipográfica do Partido Comunista Brasileiro. *Pront. nº 2259, Typographia Communista*, 1º vol. DEOPS/AESP.

O "espaço clandestino da sedição" encontra-se representado nos registros fotográficos assim classificados: a casa térrea (protegida por muro de alvenaria adornado com cerca viva), comodos da construção, a construção junto ao muro, a garagem, o quarto de dormir, a cozinha etc.

As fotografias das gráficas clandestinas, dos clichês e das pequenas bibliotecas sediciosas eram avaliados como "documentos-verdade", registrando a prática clandestina da arte de imprimir e de ler. Desta forma as imagens produzidas pelo Laboratório Técnico Fotográfico do Gabinete de Investigações – e que geralmente se prestavam a manipulações – complementa a narrativa policial[14].

rio da Polícia Técnica. Sessão Fotográfica. São Paulo, 2 de maio de 1936. *Pront. nº 2259, Typographia Communista*. DEOPS/SP.

14. F. M. Torres, "O Rosto e o Caráter: Fotografias no Universo Policial do DEOPS/SP" *Histórica. Revista do Arquivo do Estado*. São Paulo, ano 2, nº 2, agosto de 2000, pp. 50-56. Projeto de Iniciação Científica/Fapesp.

2) Reproducção photographica, em tamanho reduzido, dos dizeres e desenhos de uma das matrizes typographicas apresentadas neste Laboratorio, para serem photographadas, apprehendidas, em diligencia levada a effeito pela Superintendencia de Ordem Politica e Social, na madrugada do dia 28 do mez p.findo, em uma casa situada no Bairro do Caxinguy, nesta Capital, onde se achava installada uma typographia pertencente ao Partido Communista Brasileiro.

VISTO:- São Paulo, 2 de Maio de 1936.
O Director do Laboratorio,

N/C

13B Clichê confiscado da oficina tipográfica do Partido Comunista. *Pront. Nº 2259, Typographia Communista*, 1º vol. DEOPS/AESP.

ESTADO DE GUERRA: Guerra de morte a todo o povo do Brasil

SEJA ESTE 1°. DE MAIO um grandioso, dia de lutas e demonstrações contra o Estado de Guerra, pela libertação de todos os presos politicos e sociais pelas liberdades democraticas, por melhores condições de existencia do povo trabalhador.

TRABALHADORES DE SÃO PAULO!

A quadrilha de Getulio e Sales Oliveira quer o exterminio de toda a população do Brasil. E quem não vê claramente isto?

Os carceres estão repletos do que há de melhor no nosso povo. A fome ameaça! Tudo encarece, e nem mais pão e feijão se pode comer, porque os açambarcadores, os trusts e monopolios, os tubarões da marca de Matarazzo, Crespi, os imperialistas da Armour, da Light, da São Paulo Railway, podem impôr os preços que bem entendem, com o apoio aberto dos inimigos do povo que estão no governo, a seu serviço, e que para isto, tambem, decretaram o

ESTADO DE GUERRA!

O pequeno comercio, a pequena industria e lavoura vão á bancarrota, á falencia, com a carga esmagadora dos impostos, tudo em beneficio dos ricaços extrangeiros que estão desgraçando a Nação.

E quem protesta e luta contra isto tudo, é posto na cadeia, é torturado, é massacrado.

E o que fazem com os Sindicatos? Mandam fecha-los brutalmente, sem nem um motivo, para, assim, desorganizar o proletariado e entrega-lo inerme aos seus exploradores, para que estes possam reduzir ainda mais seus salarios, possam impôr formas de trabalho, mais brutais ainda!

É PRECISO QUE TODO O POVO SE UNA PARA SALVAR A NAÇÃO!

Só os que vivem das sobras do imperialismo podem querer a desgraça do Brasil

O proletariado deve estar á frente da luta de todo o povo para a derrubada do bando de Getulio e Sales de Oliveira e pela instauração de um GOVERNO DE FRENTE UNICA POPULAR DE SALVAÇÃO NACIONAL!

Seja este 1°. de Maio, jornada em que o proletariado mundial homenagêa combativamente os seus gloriosos martires de Chicago, trucidados pela furia reacionaria do imperialismo americano, um grandioso dia de lutas e greves em Frente Unica.

Contra o Estado de Guerra! — Pela libertação de PRESTES — o heroico chefe da Revolução Libertadora — que o governo de Getulio quer assassinar! — Pela libertação de MIRANDA — o grande dirigente do Partido Comunista do Brasil!, Exijamos a liberdade de MIGUEL COSTA, CAIO PRADO, AUGUSTO PINTO e todos os demais nacional-libertadores presos! — Queremos livres ALFREDO CODOFREDO EZIO TOMPSON, SEBASTIÃO, FRANCISCO e demais lideres proletarios encarcerados! — Pelo aumento geral de salarios e ordenados! — Contra os impostos que esmagam o pequeno comercio, pequena industria e lavoura! — Pela reabertura imediata de todos os Sindicatos fechados pela policia! — Pelo mais amplo direito de reunião e assembléa sindicais! — Contra a dispensa e pela readmissão de todos os trabalhadores despedidos por questões politicas e sociais!

ABAIXO o governo de fome e sangue de Getulio e Armando Sales! — POR UM GOVERNO DE FRENTE UNICA POPULAR DE SALVAÇÃO NACIONAL!

São Paulo, 1 de Maio de 1936 — O Comité Regional do Partido Comunista do Brasil (Secção da I. C.)

3) -VIDE LEGENDA NO VERSO-

13C Impresso confiscado da oficina tipográfica do Partido Comunista. *Pront. nº 2259, Typographia Communista*, 1º vol. DEOPS/AESP.

Os registros fotográficos policiais e os documentos impressos apreendidos pelo Serviço de Investigação possibilitam ao historiador de hoje (re)-construir parte deste submundo por onde circulavam as obras clandestinas. Constatamos que as tipografias mais modestas ainda usavam "matrizes" da linotipia e, com mais freqüência, os tipos chamados "de caixa" e que exigiam composição manual[15]. Identificamos também o uso de gravação inteira em clichês metálicos, técnica geralmente empregada para a impressão de cartazes e cujas matrizes foram apreendidas e fotografadas como provas do crime.

Os livros confiscados junto a estas tipografias – e conforme constatamos pelos exemplares anexados aos prontuários – eram verdadeiros produtos manufaturados. Empregava-se papel de baixa qualidade e, com exceção da capa, raramente traziam algum tipo de ilustração. No entanto, o que realmente contava eram os textos que, segundo os órgãos de repressão, poderiam produzir resultados infalíveis. Durante os autos de busca e apreensão, os investigadores eram guiados pelos títulos e símbolos apelativos que tatuavam ideologicamente as capas dos livros: a foice e o martelo, correntes cerradas, escravização do trabalhador brasileiro (*Il. 9*), a semente e a colheita, massas em protesto, tochas iluminadas, imagens da rebelião (*Il. 14*). Enfim, os temas ditos subversivos (*Il. 15*).

Após a "descoberta" do aparelho tipográfico e dos produtos revolucionários, o fotógrafo entrava em cena: (re)arranjava o espaço de forma a deixar em primeiro plano o "arsenal revolucionário". As gavetas, geralmente entreabertas reafirmavam a idéia de uma certa desordem, deixando à mostra as capas do livros sediciosos. Sobre as mesas e balcões improvisados estavam as máquinas de escrever, as caixas de tipos, latas de tinta para imprimir, caixotes de papel ou periódicos impressos. Produzia-se um cenário espetacular modelado pelo jogo de luz e sombra cuidadosamente revelado na foto em *preto & branco*. As imagens registradas testemunham a clandestinidade, situação comprovatória da prática de um crime contra a ordem social e política.

Interessante ressaltar que a grande imprensa local encarregava-se de reafirmar junto à população o mito da conspiração secreta comunista. O fato da

15. *Gráfica clandestina fotografada pelo Laboratório Técnico de Fotogafia do DEOPS/SP. Pront. nº 3156, Hermínio Sacchetta.* DEOPS/SP. AESP.

14 *Temas Subversivos (Nº 1). La Falsa Redencion*, por Sebastian Faure. Valparaiso (Chile): Editorial "Más Allá". *Pront. Nº 1262, Benedito Romano*, 2º vol. DEOPS/AESP.

15 *Temas Subversivos (Nº 5). La Moral Oficial y. . . la Otra*, por Sebastian Faure. Buenos Aires: Editorial "La Protesta", 1922. *Pront. Nº 716, Federação Operária de São Paulo*, 4º vol. DEOPS/AESP.

polícia ter chegado às duas tipografias "subversivas" através de denúncias é bastante significativo, considerando-se aqui que parte do povo colaborava com o processo de higienização política da sociedade. Fotografias de livros amontoados numa sala da delegacia foram publicadas pelo *Diário da Noite* que publicou uma extensa matéria sobre a impressão de "obras da chamada literatura vermelha". A fim de satisfazer a curiosidade dos seus leitores, o jornal informava que aquelas tipografias pretendiam colocar à venda "livros de Lênin, Stálin, Trótski, Marx e Lozovsky e demais escritores communistas, até então considerados prohibidos". Estes livros, segundo a imprensa, pregavam a alteração da ordem e visavam dilatar os lucros daquela empresa que explorava o comércio de autores russos. A ação foi descrita como "uma batida feliz" mediante uma caravana policial que apreendeu "milhares de livros", além de outros materiais e maquinários.

Atos de Rebeldia

Ao constatarmos o grande número de livros escritos em lituano, russo e francês apreendidos pelo DEOPS/SP, percebemos que tanto os propagandistas de esquerda como os de direita conseguiam burlar a censura empregando uma boa dose de inventividade. Os homens do "Serviço Secreto" estavam atentos a estas estratégias que se prestavam como suportes propagandísticos do ideário comunista. Funcionavam como indícios da clandestinidade as indicações de leitura de livros, resenhas publicadas em jornais operários, propaganda de livrarias, palestras, cursos e reuniões festivas anunciadas por associações de cunho cultural.

Os investigadores, verdadeiros vigilantes da cultura e da moral, infiltravam-se em qualquer tipo de reunião "suspeita", procurando observar pequenos detalhes: registravam as frases de efeito proferidas pelos palestristas, relacionavam os nomes dos mais ilustres presentes na platéia, anotavam os títulos dos livros citados como bibliografia de cabeceira e, até mesmo, formas de tratamento pessoal como "meu camarada" e "meu companheiro".

Ambos os lados (repressão e resistência) tinham consciência do poder da palavra e da imagem visual. Em 1933, por exemplo, um investigador, impressionado com a sutileza da fala de Tarsila do Amaral, anotou sua opinião sobre a perigosa ação dos artistas e intelectuais: "... não inspiram curiosidade, mas quem os ouve sai pensativo"[1]. Em 1948, o investigador José Rachael de

1. Doc. 3, fl. 3, de 18 de setembro de 1933. *Pront. nº 1680 de Tarsila do Amaral*. DEOPS/SP. AESP.

Medeiros ao presenciar uma conferência proferida no Centro de Cultura Social, em São Paulo, anotou o tema central ali tratado: *revolução*. Dois oradores (um tal de Sr. Alberto ou Oliberto e Sr. Lucas de tal) discorreram sobre "as revoluções francesas de 1879 (tomada da Bastilha) e a de 1848, bem como a revolução na Áustria, Alemanha e outros países na mesma época. Falaram ainda sobre a Revolução Bolchevista de 1917 na Rússia e sobre a de 1936, na Espanha"[2].

Os intelectuais comunistas brasileiros inspiravam-se nas concepções teóricas dominantes na URSS, admirada por seu "alto grau de cultura". Tomava-se como parâmetro o modelo de intelectual entusiasmado, "apaixonado pela liberdade e pelo progresso". Daí circular entre os ativistas brasileiros uma série de biografias de revolucionários famosos, paradígmas de conduta a ser seguida. E, no caso de um importante intelectual filiar-se ao Partido Comunista Brasileiro, seu nome era explorado com o objetivo de dar confiança aos indecisos e aos homens de poucas letras. Uma das táticas adotadas pelos líderes comunitários era de exaltar publicamente aqueles artistas que aderiam à causa dos bolchevistas através da produção de uma literatura ou de uma arte engajada. A pintura de Di Cavalcanti, por exemplo, chegou a ser elogiada no jornal *Voz Operária* pelo fato de "focalizar os trabalhadores do café, do algodão, do fumo e do açúcar" denunciando o mundo da opressão, da miséria e da pobreza. O que importava era a mensagem ou seja: o artista ou o intelectual deveria colocar sua arte e sua ciência a serviço do proletariado, multiplicando a idéia de se "fazer uma revolução".

Ao avaliarmos os registros destes "atos de rebeldia" por parte dos investigadores do "Serviço Secreto" percebemos que os artistas, intelectuais, editores, livreiros e tipógrafos não foram cidadãos passivos diante do autoritarismo varguista. Constatamos que, em vários momentos, a censura e os repressores eram burlados, configurando uma sistemática frente de resistência. Uma série de cuidados deveriam ser tomados de forma a não chamar a atenção dos policiais atentos aos gestos e olhares "anormais". Por exemplo: circular pela cidade com um pacote camuflado (de livros ou panfletos) debaixo do braço ou sair de uma residência olhando para os lados, era sempre comprometedor. Na maioria das vezes, os investigadores deixavam-se guiar

2. *Relatório de Investigação de José Rochael de Medeiros para o Delegado de Ordem Política*. São Paulo, 23 de fevereiro de 1948. *Pront. nº 1914, Centro de Cultura Social*. DEOPS/SP. AESP.

pela intuição que, sustentada por uma certa lógica, os levava a desativar as redes propagadoras de idéias sediciosas.

Em um relatório de 14 de junho de 1931, o investigador Antonio Ghioffi, registrou sob o subtítulo de "Venda de Livros Comunistas" que "os divulgadores da literatura comunista em São Paulo estavam usando de um novo processo de venda, considerado o mais curioso...". Tratava-se da colocação de livros sob consignação em estabelecimentos não-livreiros ou seja, em armazéns, botequins e barbeiros, deixando em média dez exemplares, sem compromisso[3]. Neste mesmo ano, Jayme Adour da Câmara, jornalista e diretor-gerente da Agência Brasileira Telegráfica, foi visto em Campinas (SP) fazendo entrega de dez exemplares do livro *O Que É o Plano Qüinqüenal* para serem distribuídos naquela cidade, fato registrado em detalhes em um relatório policial datado de 1931 (*Il. 7*). Fichado pela polícia regional Jayme Adour da Câmara foi identificado como "escritor intelectual comunista" e que, segundo as autoridades de Marília (SP) deveria ter "parte ativa no desenvolvimento libertário daquela zona"[4].

Em maio de 1958, o investigador *S. O. G.* do "Serviço Secreto" do DEOPS/SP constatou que vários propagandistas do "credo vermelho" valiam-se de espaços camuflados para fazer circular seus livros doutrinários: consultórios médicos, editoras e escolas foram identificadas como redutos reais de preleção e da subversão praticada pelos comunistas. Os médicos Dr. Celso Pereira da Silva, do Hospital do Juqueri e o Dr. Cândido da Silva, classificado como membro da "Célula dos Médicos", tiveram seus consultórios devassados e seus livros confiscados. O Dr. Augusto Gomes Matos, homem de 70 anos, foi acusado de ter montado uma escola de corte & costura à rua Domingos de Morais, com a "verdadeira finalidade" de ser um escritório eleitoral do PCB. Ali, segundo o relator, as alunas "recebiam, quase que diariamente, preleções comunistas", o mesmo acontecendo com aqueles que

3. *Relatório de Antonio Ghioffi para Ignácio da Costa Ferreira, Delegado da Ordem Social.* São Paulo, 14 de junho de 1931. Doc. 1. *Pront. nº 828. Empreza Editora Unitas ou Graphica Editora Unitas Ltda.* DEOPS/SP. AESP.

4. *Relatório de investigação de Adolpho [?], inspetor nº 87 para Ignácio da Costa Ferreira, Delegado da Ordem Social. Superintendência de Ordem Política e Social.* São Paulo, 26 de maio de 1931, doc. 2, fl. 2. *Informe sobre Jayme Adour da Câmara ao Delegado da Ordem Social.* Delegacia de Ordem Social. São Paulo, 27 de maio de 1936, fl. 31. *Pront. nº 7, de Jayme Adour da Câmara.* DEOPS/SP. AESP.

freqüentavam a Editora Gonzael, sediada na capital paulista à rua Marconi, nº 87[5].

Exemplos como estes demonstram que inúmeras foram as táticas acionadas pelos grupos revolucionários para propagandear seu ideário. Algumas criativas, outras fantásticas. Nos anos 40, um dos expedientes empregados pelos comunistas em São Paulo para camuflar a distribuição de folhetos era bastante curiosa. O encarregado da distribuição disfarçava-se de vendedor de modinhas populares e saía a vendê-las pelos bairros onde a vigilância do DEOPS se fazia mais intensa. De porta em porta, cantalorava trechos de sambas e marchas sem despertar suspeita. Se alguém o chamava para comprar sua mercadoria, aproveitava a oportunidade e introduzia dentro do livrinho um folhetim comunista. Surpresos, alguns os jogavam fora, outros os guardavam para ler em momento propício.

Isto explica a presença do livreto *Collecção de Modinhas em Homenagem ao Autor Humorista Lamartine Babo* que, apesar de não portar nenhum conteúdo de crítica social ou política, encontra-se arquivado junto aos autos movidos contra Henrique Rosemann em 1940. Tal tática, ao ser descoberta pela polícia, ganhou espaço nos jornais da época, que procuraram informar à opinião pública "como os extermistas vermelhos trabalhavam para a desgraça do país"[6] (*Il. 16*).

Um outro subterfúgio detectado pela polícia política de São Paulo foi o do "barbante que queimava", mais empregado para a distribuição de boletins. Segundo a polícia, tratava-se de um "método novo de distribuição":

> Os impressos eram levados disfarçadamente ao interior de um arranha-céu pelo agitador que, uma vez num dos mais altos andares, ia ao aparelho sanitário, gesto que não despertava a menor suspeita num prédio onde andam centenas de pessoas. Do reservado, geralmente com janelas dando para a rua, o comunista atava frouxamente o masso de prospectos com um barbante facilmente combustível e o pendurava ao ferro da janela, depois de chagar-lhe fogo às pontas. Isto feito abandonava imediatamente o lugar... Enquanto o comunista se afastava, o barbante ia queimando, e em dois, três ou cinco mi-

5. *Relatório de Investigação nº 154 de S.O.G. para o Chefe do "SS".* São Paulo, 3 de maio de 1948. *Pront. nº 93342, Editora Gonzael.* DEOPS/SP.

6. *Coleção de Modinhas em Homenagem ao Autor Humorista Lamartine Babo.* São Paulo, Tipografia "Souza", s./d. anexo ao *Pront. nº 457, Henrique Rosemann.* DEOPS/SP. AESP.

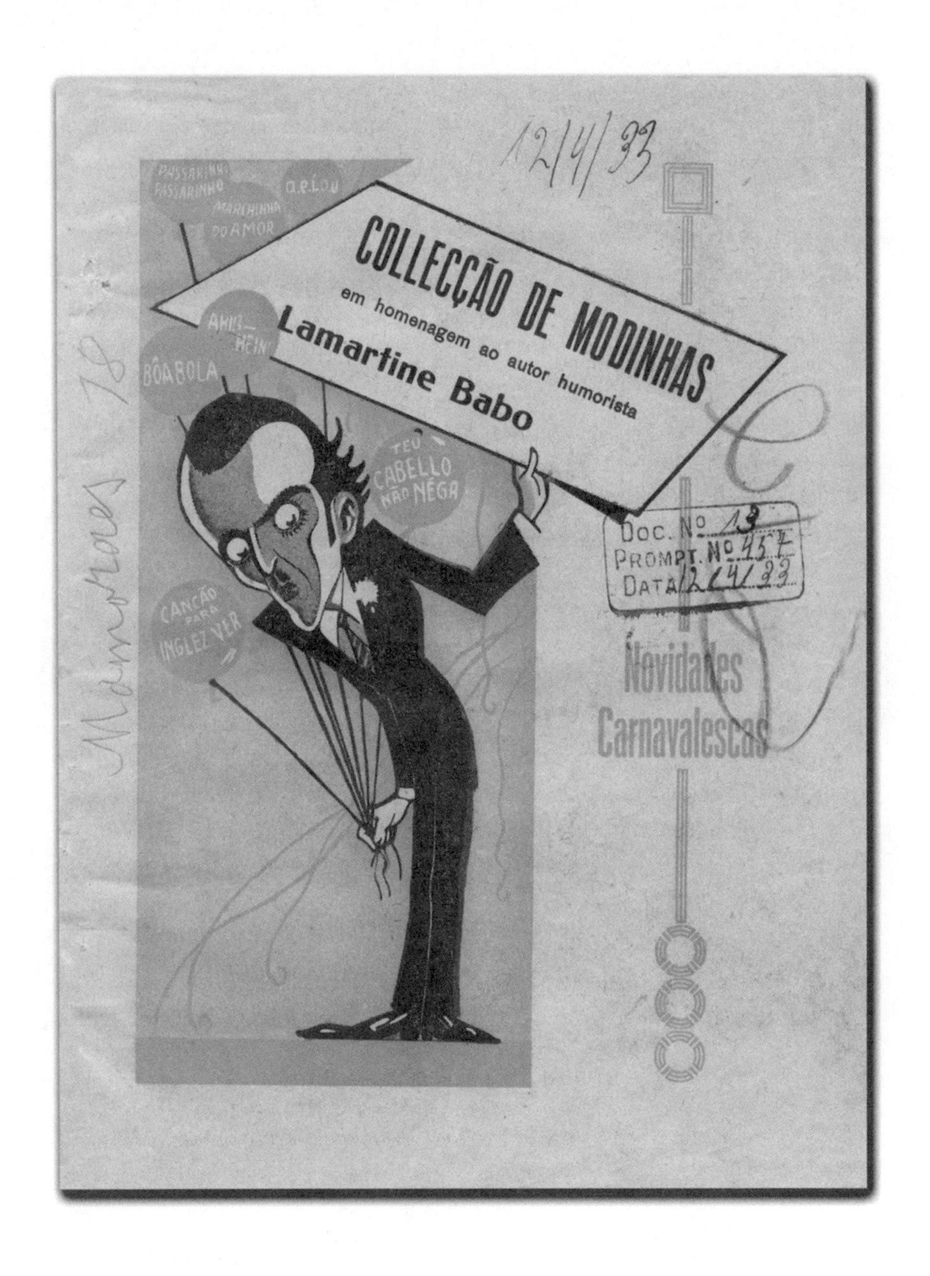

16 *Collecção de Modinhas em Homenagem ao Autor Humorista Lamartine Babo. Novidades Carnavalescas*, confiscada em 12 de abril de 1933. *Pront.* nº 457, *Henrique Rosemann*, fl. 13. DEOPS/SP. AESP.

nutos caíam então, espalhando-se num raio muitas vezes acima de 50 metros. Após o fato consumado ficava difícil para as autoridades localizarem os responsáveis pela "queima do barbante"[7].

Os livros sempre foram considerados pelos comunistas como um importante veículo de propaganda e doutrinação; fato reconhecido e combatido com veemência pela polícia. A distribuição de livros, no entanto, por implicar volumes maiores que os boletins, tornava-se difícil, mas não impossível. Conscientes da importância da circulação do escrito como condição para se atingir o progresso revolucionário, os comunistas ativos nas décadas de 30 e 40 optaram pela biblioteca ambulante como meio para atingirem seu público-alvo. Neste contexto de repressão, as bibliotecas públicas perdem a sua função por ter o seu espaço cerceado ao ingresso de novas idéias.

Dentre as bibliotecas ambulantes cabe citar a Vamos Ler que emprestava os livros aos leitores. O primeiro exemplar, geralmente, tratava-se de um "romance qualquer". Este, alguns dias depois, era substituído por livros comunistas de cunho doutrinário. A distribuição era feita por elementos vindos de outras cidades que passavam dois ou três dias circulando pelo interior do Estado.

Através do prontuário de Hermínio Sacchetta, reconhecido jornalista e ativista do PCB nos anos 30 e 40, tomamos conhecimento de um outro artifício complementar às bibliotecas ambulantes: os programas de rádio que se prestavam como intermediários entre o leitor e os propagandistas do "credo vermelho". Uma destas iniciativas resultou da união da biblioteca ambulante Vamos Ler com a Rádio Record, dupla responsável pela idealização do programa *Vamos Ouvir*, dirigido pelos jornalistas Ribeiro Pena, Oswaldo Molles e Hermínio Sacchetta. Em 1941 o referido programa foi assim anunciado:

> [...] de segunda-feira em diante terá início a inscrição na Agência das Empresas de que faz parte *Vamos Ler* dos candidatos a empréstimos de livros da *Biblioteca Ambulante Vamos Ouvir*[8].

7. Este documento encontrado em um dos prontuários do DEOPS narra, em detalhes, os inúmeros subterfúgios empregados pelos propagandistas encarregados de subverter as massas. Ver *Pront. nº 640, Sebastião Francisco*; e *Pront. nº 457, Henrique Rosemann*. DEOPS/SP. AESP.
8. Artigo "Vamos Ouvir". *Folha da Noite*, 24.10.1941. *Pront. nº 3196, Hermínio Sacchetta*, vol. 3, fl. 34. DEOPS/SP. AESP.

"Ensinar a ouvir" transformou-se também numa forma de propagandear as idéias políticas junto àqueles que não sabiam ler. Aliás, esta foi uma prática comum nas sociedades do Antigo Regime quando "ler em voz alta era uma forma de sociabilidade compartilhada. Lia-se em voz alta nos salões, nas sociedades literárias, nas carruagens ou nos cafés". Chartier, em suas reflexões sobre os modernos métodos de leitura, ressalta que "a leitura em voz alta alimentava o encontro com o outro, sobre a base da familiaridade, do conhecimento recíproco, ou do encontro casual, para passar o tempo". Mas, em tempos sombrios – leia-se aqui em tempos de ditadura – os encontros em grupo tornavam-se suspeitos, perigosos. Assim, podemos considerar que a vigilância sistemática dos órgãos repressores que atuaram no Brasil durante os regimes ditatoriais diluiu a oportunidade de relação direta entre o leitor e a "comunidade dos próximos"; mas não conseguiu impedir que a leitura em voz alta (praticada através do rádio ou durante os piqueniques e conferências clandestinas) se apresentasse como uma forma de mobilização cultural e política[9].

Os agitadores políticos tinham consciência de que nem todos poderiam ter acesso aos livros e nem possuíam nível cultural para compreender as teorias de Lênin, Trótski ou Marx. Por esta razão procurava-se ler (em voz alta) trechos selecionados de obras consideradas como essenciais à formação doutrinária dos comunistas brasileiros. A obra *Os Fundamentos do Leninismo*, de Stálin, foi confiscada de Sebastião Caetano Francisco durante uma reunião de comunistas em 1933, ocasião em que eram lidos trechos do livro. Segundo relato do investigador de plantão, o livro trata "do método e da teoria leninista da ditadura do proletariado, questão camponesa, nacionalidades e do Partido"[10].

Idéias como estas eram semeadas através da audição e das práticas de leitura, sendo o rádio acionado como um dos meios imediatos de se atingir o leitor-ouvinte. Em 2 de maio de 1951, o próprio escritor Jorge Amado chegou a irradiar suas idéias através da Rádio Moscou, cujo programa russo foi captado e registrado pelo "SS". Este, persistente na sua "escuta", registrou junto aos autos do escritor baiano que este era um "ardente lutador pela paz" e que

9. R. Chartier, *op. cit.*, p. 143.
10. *Índice nº 1 da Relação de Anarchistas, feita em setembro de 1926*. Copiado em 15 de fevereiro de 1933. *Pront. nº 144, Florentino de Carvalho*, doc. 2, fl. 2. DEOPS/SP. AESP.

se valia da caneta como "uma arma poderosa contra os imperialistas fomentadores da guerra"[11].

Incansável, Amado voltou a transmitir em 16 de maio de 1951, quando leu trechos do seu livro *Seara Vermelha*, alertando os ouvintes para o fato de que milhões de crianças brasileiras estavam morrendo de fome. Na transmissão de 20 de novembro de 1951, Jorge Amado optou por trechos de *Vida de Luiz Carlos Prestes, o Cavaleiro da Esperança*, também de sua autoria, publicado na URSS.

O lema era "semear idéias para, posteriormente, colher novas atitudes", expressão de ruptura ao nível das mentalidades. Alguns intelectuais comunistas fizeram do seu ideal uma prática espiritual cantada em prosa ou em versos. Cid Silveira, por exemplo, resolveu formar um clube que, sediado em Santos (SP), se dedicaria aos estudos e divulgação doutrinária do comunismo. Apoiaram esta proposta os jornalistas Mariano e Jayme Franco, este redator da *Tribuna*, Bruno Brocca e Mathias Simão, dentre outros. Mathias Simão pretendia publicar um livro de versos intitulado *Poemas Úteis*, a ser editado pela Unitas[12].

Basicamente, os intelectuais contavam, a médio prazo, com uma revolução cultural fundamental para alcançar a revolução política de fato. Portanto, nada mais apropriado do que título A Sementeira para uma editora cujo catálogo (*Il. 17*) foi apreendido pela polícia de Jundiaí (SP) em abril de 1934. O primeiro número de *A Sementeira* trazia uma relação variada de obras de sociologia, literatura, ciências e publicações em geral. Organizada em colunas temáticas, sugeria leituras de *literatura russa* (*O Jogador*, de Dostoiévski; *O Espião*, de Máximo Górki; *Ninhos de Fidalgos*, de I. Turguenev); *literatura francesa* (*Os Miseráveis*, de Victor Hugo; *Cândido*, de Voltaire; *O Judeu Errante*, de Eugênio Sue); *religião e anticlericalismo* (A *Razão Contra a Fé*, de Benjamin Mota; *A Ceia dos Cardeais*, de Júlio Dantas; *A Inexistência da Alma*, de Leônidas Ninel). Alguns títulos mereciam destaque à parte com comentários sobre o autor e o conteúdo das obras, como *cooperativismo* (*Cooperativismo e Latifúndios*, de Fábio Luz Filho); *anticlericalismo* (*A Confissão*,

11. *Informação sobre Jorge Amado pelo Serviço de Informação dirigida ao Delegado-chefe do "SS".* São Paulo, setembro de 1954. *Pront. nº 5777, Jorge Amado.* DEOPS/SP. AESP.

12. *Informe de Investigação sobre Cid Silveira.* Gabinete de Investigações. São Paulo, s./d. Doc. 5. *Pront. nº 163, Salisbury Galvão Coutinho ou Galvão Coutinho.* DEOPS/SP. AESP.

A SEMENTEIRA

1934 — ABRIL — N.º 1

CATALOGO DE PROPAGANDA DOS BONS LIVROS. — SOCIOLOGIA — LITERATURA — CIÊNCIAS E PUBLICAÇÕES EM GERAL

Semear... ...para colher

Caixa Postal, 195 — Gerente — RODOLPHO FELIPPE — SÃO PAULO

LITERATURA BRASILEIRA

Embora ainda pobre como romance ou novela social, na literatura brasileira já se destacam ótimos livros firmados por penas valorosas.

Sòmente agora, após a revolução de 30 é que os problemas sociais estão apaixonando os nossos homens de letras o que faz prevêr que dentro em breve teremos um grosso cabedal literario no terreno das concepções modernas da filosofia e da ciência.

AFONSO SCHMIDT — *Pirapóra* — O conhecido autor de "Impunes", de "Brutalidade" e de muitos panfletos e artigos revolucionarios, inclusivé a bela peça teatral — "Ao Relento", nos dá, neste volume, cinco contos ,que são cinco joias de literatura rebelde e social. Além de "Pirapóra", que lhe empresta o titulo, contem mais: "Delirio", "O Criminoso", "O [illegible]cedor" e "A Turmali[illegible] — 1 belissimo volume — 4$000.

VICENTE DE CARVALHO — *Poemas e Canções* — 1 vol., 6$000.

BELMONTE — *"Assim falou Juca Pato"* — Uma das obras mais humoristicas publicadas no país — 1 vol., 5$000.

PAULO TORRES — *Poemas Proletarios* — 1 vol., 3$000.

ANTONIO CELESTINO — *O Padre Eusebio* — "Aventuras de um reverendo patusco contadas com muito espirito, e, ao mesmo tempo, um libelo contra as convicções e preconceitos sociais dos nossos dias". — 1 vol., brochado, 2$000.

BERNARDO GUIMARAES — *O Siminarista* — 1 vol., 2$500.

JOSE' DE ALENCAR — *O Guarani* — 1 vol. 5$000.

LÊR É VIVER!

A bôa leitura de um livro, sempre constituiu o mais firme roteiro da vida que possa traçar o homem.

O livro escolhido, o bom livro, além de ser o mestre facundo e o amigo leal, é, tambem, o taumaturgo prodigioso que faz renascer no homem a alegria de viver.

Mórmente nêste periodo transitório de apreensões e incertezas, onde as idéias velhas, com todo o seu cortejo milenar de dogmas e obscurantismos, pretendem, num esforço herculeo envolver e esmagar as idéias pejadas de vida e florescencia, — o livro, condensado em bôa leitura, se torna a mais poderosa arma, o mais firme baluarte, ás investidas das paixões contra a razão humana.

Lêr um livro bom, onde o engôdo não medre e a verdade das coisas seja pincelada em traços largos e firmes, o leitor sente em redor de si todas as forças criadoras da Natureza a afirmarem a eloquencia da vida nos anseios e palpitações das coletividades.

O homem que lê e medita, além de se tornar o artifice senhor da sua vontade, — crêa, dentro de si, um sonho de poesia: a beleza de viver.

Tudo o que possuimos hoje de bom e util, devese ao livro, á bôa leitura.

O filósofo, o ciêntista, o escritor, o poeta, o proletario, dentro das proprias disparidades sociais de cada um, o livro os aproximam um do outro, os unem, e se fazem amar, e se elevam ás alturas luminosas dos conhecimentos das coisas e, num deslumbramento de arreból, arrancam da ignorancia em que jazem as grandes multidões, e com elas vôam ás transformações ideais de uma vida melhor.

Foi com o aparecimento do livro que a noite tenebrosa dos mil anos desapareceu. E será pelo livro que a humanidade toda ha-de abraçar-se um dia, no mais puro idealismo de Amôr e Saber.

LÊR É VIVER!

A DÔR UNIVERSAL

Por SEBASTIÃO FAURE

Nova edição, com prefacio do Dr. José Oiticica atualizando essa formidavel obra de sociologia sob o ponto de vista anarquista.

Essa obra deve ser lida por todas as pessôas que se interessam pela solução da questão social, sob um ponto de vista humano.

1 grosso volume em 1/16 — 8$000.

LITERATURA RUSSA

Na literatura russa do fim do século passado e do primeiro quartel do século XX, ha toda uma pleiade de gigantes que se celebrizaram no romance, na filosofia, na sociologia, nas artes e na ação revolucionaria que deu por terra com o maior e mais tiranico dos imperios absolutistas dos tempos modernos.

Cada qual com seu estilo e sensibilidade, inconfundiveis uns com os outros, porém todos tendo por objetivo ascultar os meandros da alma humana, levando résteas de luz aos corações embrutecidos pela escravidão, descobrindo forças latentes e em estado embrionario nas criaturas torturadas pelas algemas e corroidas pelos vicios de que as dinastias eram cultivadoras, fixando e condensando os anceios de liberdade existentes no emaranhado das paixões do povo.

Dentre todos, destacam-se, entre outros, os seguintes autores, cuja leitura recomendamos:

F. Dostriewski —
Um Jogador .... 5$000
Humilhados e ofendidos .... 7$000
Recordações da casa dos Mortos ..... 6$000
L. Tolstoy — O Padre Sergio ..... 5$000
Os Cossacos ...... 6$000
L. Andrieff — Judas Iscariote .... 5$000
Sete Enforcados ... 5$000
I. Turgueneff —
Aguas de Primavera .... 5$000
Ninhos de Fildalgos 5$000
Asia .... 4$000
Antom Tchecoff —
Os inimigos .... 5$000
Maximo Gorki —
O Espião ...... 6$000
Os degenerados .. 5$000
Os Vagabundos ... 2$000

17 *A Sementeira. Catálogo de Propaganda de Livros (Nº 1), abril, 1934*, apreendido pela Delegacia de Polícia Regional de Jundiaí. *Pront. nº 581*, 1º vol. DEOPS/AESP.

Livreiros Alfarrabistas
a Benjamin Constant, 17 e 17-A
Fone, 22113 - S. PAULO

LISTAS ESPECIAES

As encomendas devem vir acompanhadas da respectiva importancia e de mais 10 % para o porte e endereçadas a Pinto & Oliveira, Livraria Brasil, Rua Benjamin Constant, ns. 17 e 17-A, S. Paulo.

Se deseja continuar a receber destas "LISTAS", é favor indicar-nos quaes as que o interessam.

Publicaremos, periodicamente, as Listas das Secções de: AGRICULTURA - ARTE - BRASIL E AMERICA - CLASSICOS PORTUGUESES - CONTABILIDADE - DIREITO - ENGENHARIA, PHYSICA, CHIMICA, MANUAES HOEPLI, etc. - ESPORTES - GREGOS E LATINOS - HISTORIA GERAL - HISTORIA NATURAL - LITTERATURA ESTRANGEIRA - LITTERATURA EM PORTUGUEZ - MEDICINA, VETERINARIA - PHILOLOGIA, PEDAGOGIA, DICCIONARIOS - PHILOSOPHIA - QUESTÕES SEXUAES - RELIGIÃO - SOCIOLOGIA - SCIENCIAS OCCULTAS - VIAGENS.

Estas "LISTAS" serão enviadas *ABSOLUTAMENTE GRATIS* a quem nol-as pedir.

bras atualmente em stock, na seção de:

"S O C I O L O G I A"

ACEVEDO.Isidoro — Impressiones de un viaje á Rusia,1923,Br. in 8°.c/253 pgs. 4$000
ALBERTI,L.B. — Della famiglia,s/d,Br. 8°.c/339 pgs. 3$000
ALIX.Roland — La nouvelle jeunesse,1930,Br.8°,c/188 p. 4$000
ALOMAR.Gabriel — La politica idealista,s/d,Enc.8°.c/359 p. 5$000
ALVAREZ DEL VAYO.Julio — A nova Russia,1931,Br.4°.c/158 p. 1$500
ALVES DE LIMA.Octaviano — Revolução economico social,1931,Br. in 4°.c/250 pgs. 5$000
AMADO.Gilberto — Curso de direito politico - eleição e representação,1931,Br. 4°.c/236 pgs. 6$000
ANCILLON.Frederic — Du juste millieu ou du rapprochement des extremes etudes - opinions,1837, 2 Vs. Encs. in 8°.c/430-383 pgs. 6$000
ANNUAIRE DE LA SOCIETÉ DES NATIONS - 1928,Enc.8°.c/753 pgs. 10$000
ANOLD — A quoi tient la superiorité des français sur les anglais-saxons,1899,Enc. 8°.c/208 p. 5$000
ANTONELLI.Etienne — La Russie bolchegiste,1919,Br. 8°.c/266 3$000
ANTONIL.André João — Cultura e opulencia do Brasil, por suas drogas e minas - Estudo bio bibliographico por Affonso De E. Taunay)1923,Br. 4°.c/280 pgs. 4$000
ANTONINI.G. — Assistenza e tratamento dei pellagrosi e degli alcoolista,s/d,Enc. 8°.c/206 p. 8$000
ARAQUISTAIN.Luis — El ocaso de um regimen,s/d,Br. 4°.c/273 5$000
ASHLEY.W.J. — Histoire des doctrines economiques de l'Angleterre - le moyen age,1900, 2 Vs. Encs. in 4°. c/576-276 pgs. 30$000
ATHAYDE.Tristão de — Problema da burguesia,1932,Br. 8°.c/242 3$000
AUSTIN.FREEMAN.R. — Social decay and regeneration,1921,Enc.4°. c/345 pgs. 15$000
AZEVEDO.Fernando de — Novos caminhos e novos fins,1931,Br. 8°.c/ 268 pgs. 4$000
BAC.Ferdinand — La voyage a Berlim - la fin de l'Allemagne romantique,1929,Br. 8°.c/310 pgs. 5$000
BADER.Clarisse — La femme française dans les temps modernes, 1883,Enc. 8°.c/574 pgs. 5$000
BAGEHOT.W. — Lois scientifiques du developement des nations 1885,Enc. 4°.c/243 pgs. 12$000

18 "*Listas Especiaes da Livraria Brasil*", Pinto & Oliveira, Livreiros Alfarrabistas, 12 fls. *Pront. nº 209*, Genny Gleizer, vol. 1. DEOPS/SP.

folheto de Edgard Leuenroth); *educação anárquica* (*Verdade Sociais*, de J. Carlos Boscolo)[13].

Assim, guardar em casa uma listagem de livros oferecidos por uma livraria visada pelo DEOPS, era sempre comprometedor. E, ainda mais, se na relação constassem títulos considerados perigosos, como aqueles que aparecem nas *Listas Especiaes* distribuídas em 1934 pela Livraria Brasil, de propriedade dos livreiros alfarrabistas Pinto & Oliveira. Dentre as obras anunciadas temos *A Nova Rússia*, de Julio Álvarez del Vayo, 1931; *La Russie Bolcheviste*, de Etienne Antonelli, 1919; *L'Autre Europe-Moscou et sa foi*, de Luc Durtain[14] (*Il. 18*).

Durante o período de repressão sustentado pelo governo autoritário de Getúlio Vargas, os comunistas se organizaram de forma a poder contar com alguns "camaradas" responsáveis pela distribuição da literatura doutrinária de interesse para o partido. João Grinevicius, apontado pela polícia política como um elemento "perigoso", tinha como uma de suas atividades partidárias a distribuição de livros entre os operários do bairro do Bom Retiro, em São Paulo[15].

As comunidades lituana e judaica eram das mais visadas e, pela quantidade e especificidade dos livros apreendidos, podemos aferir que grande parte deste público era alfabetizado, de bom nível cultural, com domínio das teorias marxistas e da literatura "revolucionária" em voga entre 1930-1950. Na residência de Jeronymo Bubenas, lituano e amigo do "perigoso" João Grinevicius, foram apreendidas dezenas de livros e revistas classificados por assuntos. Segundo critérios policiais, as publicações tratavam "do fim do Império russo, das obras de Lênin, da nova Lituânia soviética, dos traidores da história da América e da União Soviética, da história do Partido Comunista, dos operários e senhores da Lituânia, da propagação do socialismo, dentre tantos outros temas relacionados[16] (*Il. 19*).

O incentivo ao gosto pela leitura se fazia, também, através de outros subterfúgios. Algumas táticas, e que não visavam a propaganda política, de-

13. *A Sementeira*. Catálogo de Propaganda de Livros, nº 1, abril, 1934. *Pront. nº 581, da Delegacia de Polícia de Jundiaí*, vol. 1. DEOPS/SP. AESP.
14. *Listas Especiaes*. Livraria Brasil, Pinto & Oliveira, São Paulo, 20 de setembro de 1934, 7 pp.
15. *Auto de Apreensão*. São Paulo, 30 de dezembro de 1947. *Pront. nº 65, Jeronymo Bubenas*. DEOPS/SP. AESP.
16. *Idem*.

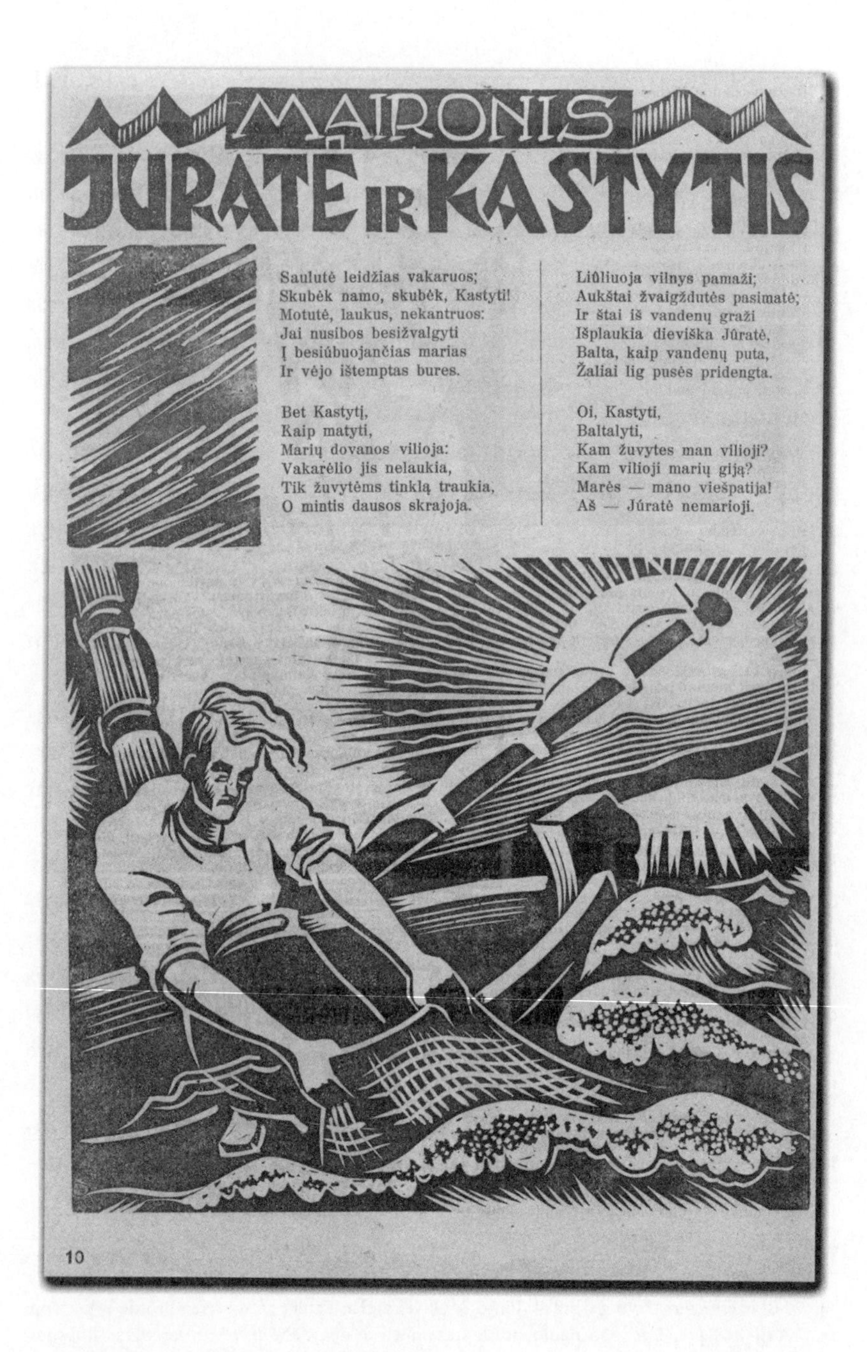

MAIRONIS

JURATĖ IR KASTYTIS

Saulutė leidžias vakaruos;
Skubėk namo, skubėk, Kastyti!
Motutė, laukus, nekantruos:
Jai nusibos besižvalgyti
Į besiūbuojančias marias
Ir vėjo ištemptas bures.

Bet Kastytį,
Kaip matyti,
Marių dovanos vilioja:
Vakarėlio jis nelaukia,
Tik žuvytėms tinklą traukia,
O mintis dausos skrajoja.

Liūliuoja vilnys pamaži;
Aukštai žvaigždutės pasimatė;
Ir štai iš vandenų graži
Išplaukia dieviška Jūratė,
Balta, kaip vandenų puta,
Žaliai lig pusės pridengta.

Oi, Kastyti,
Baltalyti,
Kam žuvytes man vilioji?
Kam vilioji marių giją?
Marės — mano viešpatija!
Aš — Jūratė nemarioji.

10

19 "Maironis Jurate ir Kastytis". *Revista Miesu Lútuva*. São Paulo (nº 2), janeiro, 1948, p. 10. *Pront. nº 51*. DEOPS/SP. AESP.

monstram que o livro era considerado, como um "objeto de valor" entre os ativistas comunistas que, camuflados, atuavam no submundo dos impressos. Muitas vezes, um romance conhecido (como, por exemplo, *Os Miseráveis*, de Victor Hugo) era rifado juntamente com uma máquina fotográfica numa verdadeira ação entre amigos com o objetivo de angariar fundos de ajuda aos "camaradas presos"[17].

Como "queimar livros" estava na moda nos anos 30 e 40, uma livraria da Praça da Sé apelou para esta idéia como chamariz de sua campanha em 1945: "100.000 volumes. A maior queima de livros que São Paulo já assistiu até hoje" (*Il. 20*). Apesar do folheto não propagandear nenhum título "subversivo", por precaução, a polícia registrou o fato arquivando uma amostragem do anúncio junto aos autos de João Pontes de Moraes, portador do impresso. Durante a ditadura militar, a polícia política chegou a abrir prontuários específicos para tratar dos "meios ilícitos para a venda de livros". Em 1973, um processo foi encaminhado pela Câmara Municipal à Secretaria de Segurança Pública do Estado de São Paulo com o propósito de denunciar a venda de um livro intitulado *Laudo Natel. Biografia do Governador*, de autoria de José de Araujo Luso Junior e J. Viriato de Castro. A venda era promovida pela Editora Luvir Ltda. que distribuía seus livros via reembolso postal, expediente qualificado pelo denunciante, o vereador José Rivelli, como "de burla" e atitude "inexcrupolosa". As autoridades do DEOPS e do DEGRAN (Delegacia Regional de Polícia da Grande São Paulo) após terem avaliado o caso, sugeriram o arquivamento do processo. Vale ressaltar que não estava sendo questionado o conteúdo do livro e sim a conduta "inexcrupulosa" da editora. Mas, nem todos os casos tinham este mesmo destino[18].

Percebemos que, a partir dos anos 80, os autos de investigação sobre editoras e venda ilícita de livros têm o seu conteúdo alterado em conseqüência do processo de abertura democratica. Os "fiscais de idéias" já não se mostram tão preocupados com a propagação do comunismo que, nas décadas anteriores, prestou-se como inimigo-objetivo do Estado. É neste novo contexto político que inserimos as apurações policiais contra a Editora Novo Brasil,

17. *Ticket da rifa "Acção entre Amigos". Pront. nº 52, Corifeu de Azevedo Marques*, fl. 7. DEOPS/SP. AESP.
18. *Proc. 2346, Editora Luvir. Autuação Gabinete do Secretario procedente da Câmara de Jundiaí. Secretaria de Segurança Pública.* São Paulo, 31 de outubro de 1973. *Pront. nº 6275, Editora Luvir Ltda.* DEOPS/SP. AESP.

20 Volante de propaganda de livros "100.000 volumes" confiscado pela Polícia Política de São Paulo, *Pront. nº 302, de João Pontes de Moraes*. DEOPS/SP. AESP.

Livro Didático Ltda., acusada de "fazer campanha para aumentar suas vendas" através de uma campanha publicitária filiada a um "desconhecido Projeto Nacional de Propaganda Educacional".

Caso semelhante foi constatado com relação a Editora Rideel Ltda., localizada em São Paulo (SP) e a CNDC-Comércio e Divulgação de Materiais Didáticos Ltda., sediada em Araçatuba (SP). Segundo relatório oficial de investigação, os nomes fantasias adotados por estas firmas – "Projeto Brasil de Educação e Cultura" e "Campanha Nacional de Divulgação Cultural" – induziam o público consumidor a relacionar a idéia do "nacional" com projetos governamentais aprovados pelo Ministério da Cultura. Percebemos que critérios de "qualidade" substituem julgamentos que, até então, se faziam sob o crivo do autoritarismo[19].

19. *Pront. nº 45050, Editora Brasil e Outros*, 1º vol. DEOPS/SP. AESP

O Universo dos Livros Clandestinos

Ao penetrarmos neste fantástico mundo das obras proibidas, nos damos conta de que, na História do Brasil do século XX, velhas personagens e objetos precisam ser (re)estudados. A abertura dos arquivos policiais traz à luz a figura do intelectual subversivo de esquerda que, sorrateiramente, bebia as idéias anarquistas, marxistas ou trotskistas, numa panfletagem de baixo custo impressa em tipografias "de fundo de quintal". Dava-se jeito para tudo: contrabandeava-se papel, improvisava-se mimeógrafos e clichês, disfarçavam-se os pacotes, angariava-se fundos para pagar um tradutor ou os custos da impressão.

O próprio Partido Comunista encarregava-se de vender livros que, certamente, eram adquiridos por seus correligionários durante os encontros políticos. A Sessão Brasileira da Internacional Comunista (região de São Paulo) declarou, em seu balancete de novembro de 1932, a entrada de 135$000, proveniente da venda de livros a 5$000 cada um, e de mais 20$000, da venda de livros a 5$000 cada um[1].

Um dos problemas enfrentados pelos comunistas durante o governo Vargas foi de arcar com os custos da impressão de obras doutrinárias em português. O interessado em imprimir um livro, antes de entrar em uma

1. *Informação sobre Hygino Alonso Delgado, por Nicanor Marins da Silveira, escrevente da delegacia de Ordem Social.* São Paulo, 6 de janeiro de 1933. *Pront. nº 596, Antonio Pinto Fonseca.* DEOPS/SP. AESP.

tipografia, tinha que despitar a polícia que, vigilante, seguia de perto o suspeito. Ao ser interrogado em 1931 pelo Delegado da Ordem Social de São Paulo, João Bentivegna não conseguiu escolher informações comprometedoras. Confirmou ser proprietário da Typographia Gráfica Paulista, localizada na Rua da Glória, nº 42, e que, realmente, havia sido procurado por Aristides Lobo para orçar a impressão de um livro.

"Que livro era este?", deve ter-lhe argüido o Delegado Ignácio da Costa Ferreira. Tratava-se, segundo o declarante, da tradução de cartas de Lênin e que receberam o título *O Caminho da Insurreição.* A tiragem de dois mil exemplares foi orçada em doze mil e quinhentos réis a página, o que levou Aristides Lobo a cotar preços em outras tipografias. Mas, segundo João Bentivegna, Aristides retornou e aceitou o orçamento proposto dando um sinal equivalente a 1:400$000 (um conto e quatrocentos mil-réis). O serviço de impressão foi feito parceladamente, à medida que Aristides ia traduzindo as cartas[2].

A principal bibliografia teórica de interesse para a formação de líderes comunitários entre os trabalhadores encontrava-se em língua estrangeira, principalmente russo. Costumava-se "fazer correr uma lista de subscrições" durante as assembléias e reuniões associativas, cujo produto era revertido para a publicação de uma determinada obra. Nos anos 30, o inspetor Antonio Ghioffi, do DEOPS/SP, informava que a facção comunista dissidente estava "traduzindo para o nosso vernáculo, por intermédio do jornalista Lívio do *Diário de S. Paulo*, a obra *Stalinismo*, de Leon Trótski, a ser editada em português". Para esse fim, a facção aludida estava fazendo correr uma lista que "... fez circular ontem entre os trabalhadores que assistiam à reunião da federação"[3].

Dar dinheiro para o partido implicava estar colaborando com a publicação de impressos e livros de propaganda doutrinária. Isto justifica a lista de intelectuais ativos elaborada pelo DEOPS/SP em 1936, contendo os nomes daqueles que contribuíam com dinheiro. Esta relação encontra-se anexada

2. *Termo de Declarações de João Bentivegna a Ignácio da Costa* Ferreira, Delegado da Ordem Social. São Paulo, 26 de maio de 1931. *Pront. nº 37, de Aristides Lobo*, vol. 1. DEOPS/SP. AESP.
3. *Informe de Antonio Ghioffi, inspetor reservado.* Delegacia de Ordem Social. São Paulo, s./d. *Pront. nº 533, Associação Amigos da Rússia*, doc. 20, fl. 21. DEOPS/SP. AESP.

ao prontuário de Affonso Schmidt, intelectual acusado de servir ao Partido Comunista nos anos 30[4].

Piqueniques, cafés, livrarias, boticas, bares, sedes de associações de artistas, concertos, escolas, creches e clubes transformaram-se nos "espaços da sedução", possibilitando a troca e a divulgação de livros sediciosos. O Partido Comunista Brasileiro chegou a transportar folhetos de propaganda política em vapores que atracavam no porto de Paranaguá (PR). Com a ajuda dos estivadores este material era escondido no meio da carga e, posteriomente, levado para Curitiba e São Paulo[5].

Evitava-se enviar qualquer publicação pelo correio pois, desde a instalação do Governo Provisório chefiado por Getúlio Vargas, instituíra-se a censura postal. Sob supervisão de um censor policial, os correios ficavam atentos aos envelopes volumosos provenientes da Europa, concentrando a atenção no endereço e nome do remetente. Para o censor postal, a correspondência trocada com o estrangeiro tinha sempre uma direção definida: se *comunista*, correspondia-se com algum "camarada" da União Soviética, Lituânia ou Espanha; se *anarquista*, mantinha contatos com a esquerda espanhola; se *nazista*, recebia correspondência da Alemanha e, se *fascista*, trocava cartas com correligionários italianos.

Para a polícia, a vida de cada cidadão deveria ser "como um livro aberto": sem segredos. Durante as décadas de 30 e 40, parte da população que se deixara seduzir pelo discurso anticomunista e nacionalista propagado pelo governo, se mostrava atenta às práticas de leitura e à circulação de livros suspeitos. Centenas de cartas de delação foram encaminhadas às Delegacias de Ordem Política e Social denunciando a posse de livros "duvidosos". Evandro Paiva, em uma destas cartas, alertara as autoridades para o fato de existir em São Paulo um moço de nome Duque Estrada, escritor e amigo de Luís Carlos Prestes, que costumava receber "uma collecção de revistas da escolla de Moscou, por ser instructiva ao regime... esse moço é forte adepto..."[6].

4. *Informe reservado sobre Lista de Comunistas Intelectuais, de Luis Novaes.* São Paulo, 6 de janeiro de 1936. *Pront. nº 11, Affonso Schmidt*, fls. 22-23. DEOPS/SP. AESP.
5. *Carta de Evandro Paiva para Enagrio Silva.* Curitiba, 29 de fevereiro de 1932. Doc. 9, fl. 12. *Pront. nº 2163, Evandro Silva.* DEOPS/SP. AESP.
6. *Carta de Enagiro Silva para Evandro Paiva.* Curitiba, 6 de fevereiro de 1932. Doc. 3, fl. 2. *Pront. nº 2163, Evandro Silva.* DEOPS/SP. AESP.

Na época da guerra, grande parte da população estrangeira ficou sob vigilância, principalmente os japoneses, alemães e italianos, grupos idiomáticos visados desde 1938 pelas leis de nacionalização. Por todo o país, mais de 900 escolas alemãs foram fechadas e seus funcionários fichados como suspeitos. Rastreava-se tudo, não se dispensando sequer as pequenas cidades do interior como Bauru, Araçatuba, Lins, Bastos, Jundiaí, Barretos, Catanduva etc. Nem mesmo os judeus refugiados do nazifascismo escaparam de ser acusados de "amigos do Eixo", por uma ironia do destino[7].

Durante os atos de investigação apreendia-se tudo o que pudesse ser comprometedor. Os livros transformaram-se no foco das atenções, assim como as armas, diplomas, mapas, fotografias e jornais em língua estrangeira. Não importava o idioma em que o material estivesse impresso: japonês, hebraico, letão, russo, alemão. Anexava-se ao prontuário todo o tipo de livro: brochado, carcelado, cartonado, de bolso, de crônicas, xilogravado, em rolo, em espiral ou didático. Abuso de poder e ignorância tornaram-se marcas registradas dos "fiscais das idéias". Mesmo que os livros nunca tivessem sido abertos ou não fossem lidos há muito tempo por seus portadores, não importava: a posse comprometia. Emprestar livros "perigosos" a outrem ou receber livros emprestados de elementos suspeitos poderia levar um cidadão a ser inquerido pelo DEOPS. Em 1942, Tokuji Nakamura foi descrito por um investigador do DEOPS como sendo "um indivíduo culto, dadas as obras que foram apreendidas em seu poder", dentre as quais estavam: *História da Vida de um Juiz*, *História da Vida de um Soldado Comandante de Tanques*, *Hitler*, e *História de Cavalaria para Crianças*[8].

A caça aos livros perigosos também deve ser avaliada como expressão da ideologia nacionalista e xenófoba sustentada pelo governo brasileiro nos diferentes momentos de sua trajetória política: pró-nazismo, pró-fascismo, antisemita, antiintegralismo, anticomunismo. Os conteúdos dos livros apreendidos, por sua vez, expressam esses conflitos ideológicos, as rupturas de pensamento e a persistência de certas posturas ao longo de décadas, como foi o caso do anticomunismo. Com relação aos conflitos ideológicos, podemos considerar como expressivo o confisco que, após 1938, recaiu os livros inte-

7. M. L. T. Carneiro, *Brasil, Um Refúgio nos Trópicos. A Trajetória dos Refugiados do Nazi-Fascismo*, São Paulo, Estação Liberdade/Instituto Goethe, 1996.

8. *Relatório de Antonio Lotito Sá*. Pederneira, 7 de abril de 1942. Doc. 1. *Pront. nº 37655, Tokuji Nakamura*. DEOPS/SP. AESP.

gralistas que, até então, circulavam livremente, sem qualquer tipo de censura. Mônica Hirst e Ana Lígia Medeiros, ao realizarem um inventário da literatura integralista publicada entre 1930-1945, localizaram 101 títulos publicados, número significativo que nos permite conhecer as matrizes ideológicas deste movimento que conseguiu mobilizar cerca de 500 mil militantes no Rio Grande do Sul, São Paulo, Rio de Janeiro, Minas Gerais e Ceará[9].

Esta situação de "presença tolerada" somente sofreu alteração após a tentativa de golpe frustrado dos camisas verdes que, de "amigos simpáticos a Getúlio Vargas", transformaram-se em "inimigos do regime". Após 1938, as obras doutrinárias, antisemitas e fascistas endossadas pelos seguidores de Plínio Salgado – rotulados de "peste verde" – passaram a constar da lista dos livros proibidos e visados pelos DEOPS. Na cidade interiorana de Bauru (SP) foram apreendidas as seguintes títulos:

> *Colóquios com Mussolini*, de Emílio Ludwig; *Il Fascismo e la Libertà Religiosa*, de distribuição gratuita; *Fascismo e Massoneria*; *I Fatti degli Italiani e dell' Italia*; *Novos Rumos Políticos e Sociais*, de Felix Contreiras Rodrigues; *O Príncipe*, de Nicholas Maquiavel; *45 Morti e 283 Feriti, Fasci Italiani all'Estero*; *Inteligência das Coisas*, de Gustavo Barroso; *Oliveira Salazar, o Homem e o Ditador*, de Armando D'Aguiar; *Elementos de Educação Cívica*, de Adolfo Franck; *Sports d'Hiver en Italie*, de Serafino Mazzoloni; *O Problema da Raça*, de Rodrigues de Méreje (que desapareceu dos arquivos policiais); *No Limiar da Idade Média*, de Alceu de Amoroso Lima (Tristão de Athayde); o *Regulamento de Equitação*, de Alberto Cardoso Aguiar e *Descrição e Nomenclatura do Fuzil Mauser*, de José Caetano de Faria; *O Que o Integralista Deve Saber*, de Gustavo Barroso; *Formação Política Burguesa*, de Miguel Reale; *Cartas aos Camisas Verdes*, de Plínio Salgado; *Despertemos a Nação*, de Plínio Salgado; *O Estado Moderno*, de Miguel Reale; *O Domínio do Mundo pelos Judeus: Os Protocolos dos Sábios de Sião*, obra apócrifa[10].

Dentre os livros aqui relacionados, um nos chama a atenção por ser a primeira vez que encontramos uma referência sobre ele: *O Domínio do Mundo pelos Judeus: Os Protocolos dos Sábios de Sião*. Obra apócrifa, considerada como uma das maiores falsificações do século XX, até hoje cumpre com um dos

9. A. L. Medeiros e M. Hirst, *Bibliografia Histórica: 1930-1945*, Brasília, UnB, 1982, pp. 10-12, 69-77.

10. *Auto de Exibição e Apreensão*. Delegacia Regional de Polícia de Bauru. Bauru, 9 de abril de 1938. *Pront. nº 552, da Delegacia Regional de Bauru*, fl. 305. DEOPS/SP. AESP.

21 *O Domínio do Mundo pelos Judeus: Os Protocolos dos Sábios de Sião*, obra apócrifa confiscada pela Delegacia Regional de Bauru. *Pront.* nº 552. DEOPS/SP.

seus objetivos: o de criar dúvidas sobre a comunidade judaica onde quer que ela exista[11]. Silenciosamente e através dos mais diferentes veículos de comunicação, o conteúdo de *Os Protocolos* circulou pelo Brasil contribuindo para a cristalização de um pensamento antisemita. A ação deste libelo – cujo conteúdo não incomodava as autoridades do governo Vargas identificadas com a idéia de uma possível conspiração internacional judaico-comunista – não se interrompeu nos 40. Liberado, este trabalho continuou a ser reeditado pelas mais variadas e camufladas editoras financiadas por "agentes ocultos" interessados em sustentar uma realidade deturpada acerca da presença dos judeus no Brasil[12] (*Il. 21*).

O conjunto da literatura pornográfica e gravuras de exaltação sexual japonesas, por sua vez, eram considerados como uma "complicadíssima aparelhagem de perversão". Além da instrução domiciliar e das escolas clandestinas, os livros pornôs eram vistos como uma das estratégias de preservação cultural empregadas pelos "quistos nipônicos". Os japoneses, avaliados como um "povo de exaltação sexual tremenda", eram tratados como cidadãos estrangeiros que procuravam preservar sua cultura freando o processo de assimilação. A manutenção dos usos e costumes orientais, a língua, os conhecimentos de história e geografia, eram abordados pelas autoridades policiais

11. A primeira versão de *Os Protocolos* veio a público na Rússia, entre 1903 e 1907, a partir de textos publicados pelo jornal de São Petersburgo *Znamya (A Bandeira)* com o objetivo de servir a interesses políticos. Este periódico tinha por diretor Kruschevan, conhecido militante antisemita instigador do *pogrom* de Kischnev. Um conjunto de 24 conferências foi atribuído a pretensos antigos judeus intitulados "*Sábios de Sião*" – e cujo texto havia-se inspirado na obra escrita por Sergey Nilus no final do século XIX. Nilus tomou por base uma sátira publicada em Bruxelas (1864), de autoria de Maurice Joly, contra Napoleão III, imperador da França. M. L. T. Carneiro, "A Trajetória de um Mito no Brasil" em A. W. Novinsky e D. Kuperman (orgs.), *Ibéria-Judaica: Roteiros da Memória. América 500 Anos*, São Paulo, Edusp; Rio de Janeiro, Expressão e Cultura 1996, pp. 487-513.
12. A primeira tradução em portugues de *Os Protocolos* é de Gustavo Barroso, autor da introdução e comentários publicados em 1936 pela Editora Minerva. A transcrição foi feita a partir da edição francesa prefaciada por Roger Lambelin, apresentado como "grande conhecedor da questão judaica em França". A 3ª edição data de 1937 e traz capa ilustrada com serpente cujo corpo se estende por todos os continentes. Outras edições: São Paulo: editora não identificada; 1946; Rio de Janeiro, 2ª edição revista, Editora Simões; São Paulo, Editora Eliseo, 1958; São Paulo, Editora Jupiter, 1984; São Paulo, Embaixada do Irã, 1984; São Paulo, Editora Jupiter, 1988; Porto Alegre, Editora Revisão, 1989; 5ª reedição, Porto Alegre, Editora Revisão, 1991. Somente no ano de 2000, é que o Sr. S. E. Castan, editor responsável pela Editora Revisão, foi penalizado com base na atual legislação brasileira.

como formas incentivadoras de sentimentos nacionalistas que contrariavam o projeto étnico-político oficial do governo estado-novista[13].

A insistência dos policiais em anexar aos prontuários livros, diplomas e panfletos redigidos em japonês, ainda que indecifráveis, expressa a intenção que as autoridades tinham de construir uma imagem estigmatizada do oriental. Tentavam demonstrar que a posse dessa literatura, além de caracterizar o "baixo nível cultural", comprovava a má-fé e o caráter refratário dos japoneses, aversos à nacionalização; portanto, um inimigo objetivo, símbolo da traição e da vilania, elemento perigoso em tempos de guerra.

Em 1932, uma carta de delação levou o investigador Domingos Portugal ao Consulado Geral do Japão, sediado em São Paulo. Tinha por meta confirmar a informação de que aquele consulado recebera livros e boletins de propaganda política, de autoria do Prof. Dr. Bruno Lobo. Ali lhe informaram que realmente haviam recebido livros traduzidos da língua japonesa para a portuguesa e que estes haviam sido enviados pelo livreiro Kaigai Kogy. Um tal de "Kaisha" era indicado como o editor das obras[14].

As relações com os alemães, por sua vez, começaram a ficar tensas a partir de 1938, quando a polícia fechou o círculo de vigilância em torno dos chamados "grupos idiomáticos". Até então, em decorrência da prática de um nacionalismo exacerbado pelo governo estadonovista, os alemães incomodavam enquanto grupo étnico e não político. O fato de os alemães serem descendentes de colonos radicados no Brasil desde o século passado só os complicava. Aversos às diferenças culturais e sem saber lidar com a pluralidade étnica, as autoridades policiais viam neste estrangeiro o imigrante que não queria se assimilar. Ler, falar ou cantar em alemão era totalmente proibido. Segundo a polícia, todos os focos de erosão cultural deveriam ser localizados e desativados, pois atentavam contra a segurança nacional[15].

De acordo com a legislação nacionalista de 1938, livros, jornais e bíblias mantidos nas residências, associações comerciais, escolas e clubes deveriam ser impressos em português. Há noticiais de que descendentes de alemães

13. G. Fonseca, "DOPS, um Pouco de sua História", *Revista ADPESP*, Ano 10, nº 18, dezembro de 1989, pp. 65-67.
14. *Relatório de Domingues Portugal para o Delegado da Ordem Política e Social*. São Paulo, 30 de maio de 1932. Doc. 2, fl. 2. *Pront. nº 1934, de Bruno Lobo (Dr.)*. DEOPS/SP. AESP.
15. A. M. Dietrich; E. B. Alves; P. F. Perazzo; M. L. T. Carneiro (org.), *Inventário DEOPS. Módulo I – Alemanha*, São Paulo, Arquivo do Estado/Imprensa Oficial, 1997.

costumavam enterrar no fundo de suas casas ou esconder em sótãos a literatura que possuíam em língua estrangeira. Após 1942, o mesmo tratamento foi dispensado às edições publicadas em japonês e alemão. Na capital paulista, a comunidade alemã – que se achava concentrada nos bairros do Brooklin, Santo Amaro e Represa de Guarapiranga – passou ser visada pelos investigadores do "Serviço Secreto".

Dadas as simpatias do governo brasileiro pelo governo de Hitler e Mussolini, as autoridades policiais haviam fechado os olhos à farta literatura de propaganda nazista que circulava no eixo São Paulo-Rio de Janeiro-Porto Alegre. Até a entrada do Brasil na guerra, livros contendo hinos alemães (*Il. 22a*), relatos de viagem à Alemanha, crônicas de exaltação ao III Reich e obras antisemitas circulavam livremente, contribuindo para fortalecer o ideário político defendido pelos partidários do nacional-socialismo no Brasil. Em 1940, por exemplo, a embaixada alemã protestou contra a circulação no Brasil de um livro de Herman Rausching, anti-hitlerista e que chegou a ser proibido pelos órgãos censores oficiais. Do mesmo modo se processou contra *Nazismo Sem Máscaras*, de J. Bauer Reis, e *Contra o Hitlerismo*, de Dymphronoio de Magalhães[16].

Em 1943, a polícia política de São Paulo apreendeu vários livros de propaganda do III Reich, em língua alemã, ao vistoriar a Biblioteca da Sociedade Alemã de Vila Mariana. Faziam exceção apenas 50 exemplares e livros infantis de "divulgação permanente da cultura alemã"[17]. Esta escola foi acusada de ministrar as aulas em alemão, além de adotar a maior parte dos livros editados naquele idioma. Como amostragem deste material apreendido como de "teor nazista", foram anexados ao prontuário daquela instituição os exemplares *Deutsche Schule*, publicado em 1936 (*Il. 23*), e o livrinho de músicas (melodia e letras) *Liederbuch* (*Il. 22b*)[18]. Elizabeth Spiess Wenzel, cidadã alemã radicada no Brasil, chegou a ser indiciada em inquérito policial como suspeita de ler livros de propaganda nazista[19].

16. Cf. S. Hilton, *Suástica sobre o Brasil: a História da Espionagem Alemã no Brasil*, Rio de Janeiro, Civilização Brasileira, 1977, pp. 190-192.
17. *Pront. nº 6440, Escola Alemã de Vila Mariana.* DEOPS/SP. AESP.
18. *Relatório de Investigação sobre a Sociedade Alemã de Vila Mariana, de Fernando B. Pereira da Rocha, Delegado-adjunto de Ordem Política e Social.* São Paulo, 3 de agosto de 1943. *Pront. nº 348, Paul Hebert Wenzel*, fls. 15-44. DEOPS/SP. AESP.
19. *Idem, ibidem.*

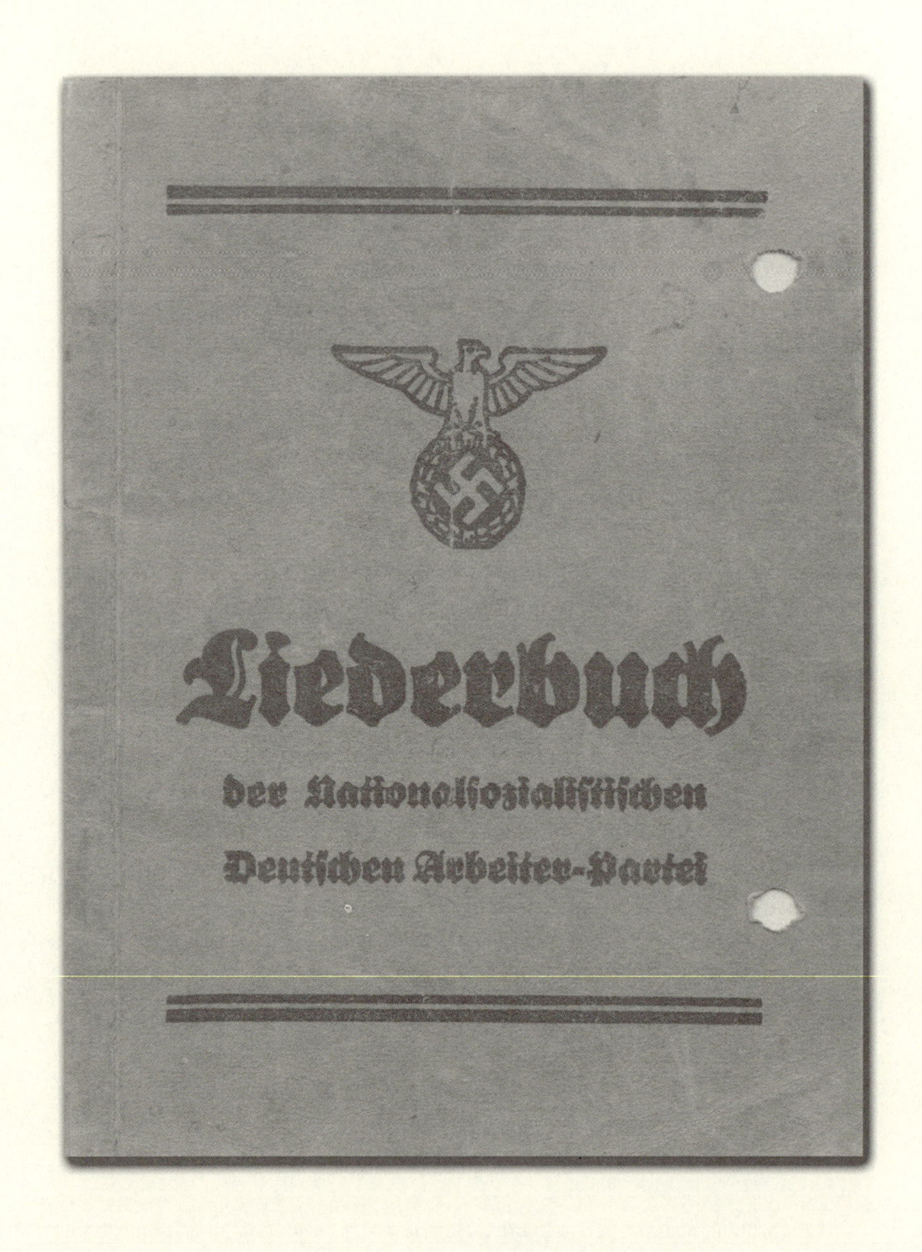

22A *Liederbuch*, livreto contendo partituras musicais de exaltação nazista apreendido na biblioteca da Escola de Comércio Vila Mariana em 1942. *Pront. Nº 6440*, fl. 61, p. 1. DEOPS/SP. AESP.

Von Kampf und Freiheit

Das Horst Wessel-Lied

Abdruck mit Genehmigung der Horst Wessel'schen Erben

1. Die Fah-ne hoch! die Rei-hen dicht ge-schlos-sen!

S. A. mar-schiert mit ru-hig fe-stem Schritt.

Kam-ra-den, die Rotfront und Re-ak-tion er-schos-sen,

mar-schiern im Geist in un-sern Rei-hen mit

Fls. 60 Pt. 6440

Data 9-6-1948

5

22B PÁGINA DE ABERTURA DO LIVRETO *LIEDERBUCH* COM PARTITURAS MUSICAIS DE EXALTAÇÃO NAZISTA APREENDIDO NA BIBLIOTECA DA ESCOLA DE COMÉRCIO VILA MARIANA EM 1942. *PRONT. Nº 6440*, FL. 61, P. 1. DEOPS/SP. AESP.

23 *Deutsche Schule*, 1936, exemplar apreendido na biblioteca da Escola de Comércio Vila Mariana. *Pront. nº 6440*, fl. 62. DEOPS/SP. AESP.

O mesmo aconteceu ao alemão José Clemente Schroeder, organista da Casa Paroquial de Lins (SP) e que, em 1944, foi delatado como simpatizante do nazismo. Tanto a sua biblioteca como a discoteca foram detalhadamente vasculhadas e, apesar de conterem apenas "assuntos escolares", receberam o rótulo de antinacionais. Dentre os discos identificou-se um que se referia a parte "Il se fait tard", da ópera *Fausto*, de Gunod, e o outro que levava o título de *Contos dos Bosques de Viena*, ambos em alemão. Nos autos aparecem arrolados dez livros religiosos escolares sendo: três gramáticas latinas, dois livros ingleses, também gramaticais, um de teologia moral e uma Bíblia, todos em alemão. Inquerido sobre outras três estantes de livros, Schroeder declarou não se lembrar mas, certamente, não se tratavam de livros políticos; certamente eram escolares, de caráter cultural, como todos os outros que possuía[20].

A polícia política conseguiu, em vários momentos de sua trajetória, penetrar no submundo literário das obras clandestinas. Movida por ideais nacionalistas, criou critérios próprios de censura mesmo sem ter conhecimentos da essência filosófica dos livros apreendidos. Durante o ato da apreensão listavam-se e confiscavam-se todos os títulos que tivessem a possibilidade de ser rotulados de "revolucionários". A bibliografia assimilada pela esquerda comunista foi a mais visada até a extinção do órgão em 1983. O "credo vermelho" transformou-se na nova heresia do século XX. Os protagonistas suspeitos continuavam os mesmos: editores, intelectuais, tipógrafos e judeus, especialmente aqueles que eram de nacionalidade russa ou lituana. O público mais vigiado era o dos médicos, acadêmicos de Direito, artistas, escritores e professores, além do operariado, em grande parte imigrante, alfabetizado e com o passado comprometido enquanto militante político na Europa e no Brasil.

20. *Auto de Qualificação de José Clemente Schroeder para Geraldo Cardoso de Mello, Delegado da Ordem Política e Social.* São Paulo, 14 de abril de 1944. *Pront. nº 14943, José Clemente Schroeder.* DEOPS/SP. AESP.

Bibliotecas e Livrarias Exóticas

Nos anos 30 e 40, e mais especificamente após a publicação do artigo 26 da Lei nº 39, de 4 de abril de 1935, uma vigilância concentrada se fez sentir na busca aos livros ditos "de doutrina exótica". Esta foi uma das preocupações constantes da polícia que, através da caça aos comunistas, alimentava a idéia de que uma revolução secreta estava sendo planejada e articulada pelo partido liderado por Luís Carlos Prestes. Os documentos produzidos pelas autoridades do DEOPS compõem, juntamente com o discurso da grande imprensa, uma narrativa articulada para explicar a realidade social brasileira a partir da nomeação de um ou outro inimigo objetivo: comunistas, anarquistas, judeus, nazistas, subversivos, terroristas etc.

Alimentando uma série de mistificações, este discurso propunha um programa de ação conservadora e de oposição ao discurso revolucionário em circulação. Os policiais fundamentavam-se numa lógica muito própria que, com o passar dos anos, tornou-se tradição. Durante todo o tempo em que atuou, o DEOPS procurou supervisionar a venda de livros sustentando uma verdadeira guerra anticomunista. Em 1950, o Delegado-chefe Antonio Ribeiro de Andrade ao deliberar o pedido para comercialização de livros importados encaminhado pelo livreiro Sergio Uspiensky[1] anotou:

1. Uspiensky havia chegado ao Brasil em 1921, procedente de Constantinopla, na Turquia. Dsembarcou em Santos beneficiado pelo convênio entre o Brasil e a França para recebimento de refugiados da guerra de 1914. Se naturalizou brasileiro em 1932 radicando-se definitivamente em São Paulo. *Termo de Declarações de Sergio Uspiensky para Antonio*

> Nada temos a opor, pelo menos até agora, a pretensão do signatário deste. Entretanto, opinamos por que seja feita fiscalização permanente em torno das atividades dessa livraria, sujeitando-se seu proprietário a nos enviar uma relação de obras recebidas e dos adquiridos aqui para o seu comércio, evitando assim, que o interessado venha manter livros de caracter comunista em venda, o que não se deve permitir[2].

A liberação se fez com base nas explicações e na listagem de livros apresentadas por Uspiensky que se encontrava legalmente instalado em São Paulo na Praça Patriarca, nº 26. Sua livraria era composta por distintas categorias de livros classificados segundo sua origem e gênero. Quanto a origem identificamos aqueles que eram provenientes de uma biblioteca de Shangai; e os importados da Argentina e França. Quanto ao gênero temos arrolados contos, romances e novelas de autores russos, alemães, franceses e ingleses. Destaque especial era dado aos temas "adequados para mocidade"[3].

Algumas informações registradas pelo livreiro Uspiensky em carta dirigida ao Delegado-chefe do DEOPS foi fundamental para que este deferisse o pedido: o conteúdo detalhado do estoque da sua livraria. A biblioteca comprada do refugiado de Shangai, que nada mais que um lote de livros velhos, fazia parte de uma livraria de aluguel instalada naquela cidade e pertencia a Associação dos Ex-oficiais do Exército Imperial da Rússia, fato que representava uma garantia quanto a posição anticomunista da biblioteca ora adquirida. Na sua maioria, os livros haviam sido editados antes da Primeira Guerra Mundial na Rússia ou no período entre-guerras, na Alemanha, França, Manchúria, China e outros países onde, segundo o livreiro, "haviam fortes conjuntos de emigrantes anticomunistas após a Primeira Guerra Mundial". Eram livros de ficção, clássicos russos e estrangeiros, enfim "livros selecionados, não tendo livros que elogiavam o comunismo, nem mesmo a sua doutrina ou fazem sua propaganda de qualquer modo"[4].

Ribeiro de Andrade, Delegado-chefe do Serviço Especial de Vigilância. São Paulo, 9 de dezembro de 1949. *Pront. nº 1169, de Sergio Uspiensky.* DEOPS/SP. AESP.

2. *Parecer de Antonio Ribeiro de Andrade, Delegado-chefe para o Delegado-auxiliar.* São Paulo, 7 de setembro de 1950. *Pront. nº 1169, de Sergio Uspiensky.* DEOPS/SP. AESP.
3. *Carta de Sergio Uspiensky para Thomaz Palma Rocha, Delegado-adjunto da Ordem Social e Política.* São Paulo, 26 de junho de 1950. Em anexo: relação completa (autor e obra) dos livros que compunham a livraria de Uspiensky, apresentados pela ordem do alfabeto russo, 14 p. *Pront. nº 1169, de Sergio Uspiensky.* DEOPS/SP. AESP.
4. *Idem*, p. 1.

Os livros franceses eram fornecidos diretamente pela casa editora La Renaissance, em Paris, cuja posição era "bem conhecida no exterior inclusive no Brasil". O livreiro estaria recebendo em junho de 1950, cerca de 29 pacotes via *Collis Postaux* de São Paulo, contendo obras de Loukasch, Zaitzev, Schmelev, Averchenco, Aldanov, Remisov, Yablonovski, dentre outros. De Buenos Aires chegariam obras de Tchékhov, Turgueniev e Dostoiévski, além de álbuns de roupas antigas da Rússia[5]. Se as obras *Crime e Castigo*, e *Memórias da Casa dos Mortos*, ambas de Dostoiévski, não incomodavam, o mesmo não acontecia com aquelas que versavam de temas revolucionários. Estas, certamente, não constavam do cuidadosa rol de títulos apresentados por Uspiensky.

Percebemos que a idéia de uma revolução à moda francesa ou soviética continuava viva ao nível do imaginário político, alimentando a persistência de mitos conspirativos: da "conspiração secreta judaica mundial", da "conspiração secreta bolchevista", dentre outros. Dependendo do material apreendido, atribuía-se uma versão aos fatos apontando-se para as forças secretas que rondavam a sociedade. Desta forma, justificava-se as prisões, apreensões e deportações, tentando mostrar que os males que atingiam a sociedade moderna se deviam à ação malígna de um grupo de conspiradores[6].

Esta situação pode ser ilustrada pelo ato de apreensão lavrado em 8 de julho de 1937 de cerca de 1679 exemplares do livro *História da Revolução Francesa*, de autoria de A. Mathiez e publicado pela Edição Cultura Brasileira. Dez anos depois, a Polícia Regional de Ribeirão Preto apreendia, entre tantos outros livros marxistas e literários, três exemplares da obra *A Grande Revolução Francesa*, comprovando-nos que este assunto persistia no imaginário político brasileiro alimentando a idéia da necessidade eminente do fim do *Ancien Régime*[7].

De um lado identificamos uma República em crise e, de outro, uma parcela da sociedade que não conseguia mais ocultar suas utopias e seus desencantos com o Poder. Uma sensação de mal-estar, medo e insegurança persistiu até os anos 80 deste século marcado pela idéia da "demonização do

5. *Idem*, p. 2.
6. Rodrigo Patto Sá Motta, "O Mito da Conspiração Judaico-Comunista", *Revista de História*, nº 138, São Paulo, Humanitas Publicações/FFLCH-USP, 1998, pp. 93-105.
7. *Auto de Entrega e Recebimento dos Volumes do Livro História da Revolução Francesa, lavrado por Galeão Coutinho*. São Paulo, 5 de março de 1932. *Pront. nº 163*, fl. 14. DEOPS/SP. AESP.

mundo pelo comunismo". O governo oficial assumiu a identidade das forças do Bem numa luta ferrenha contra as forças do Mal, plurifacetadas e em constante processo de metamorfose. A construção da idéia de que a sociedade estava sendo ameaçada por um monstro (ora comunista, ora anarquista ou judaico) alimentou uma linha de raciocínio que, em diferentes momentos da história do Brasil contemporâneo, justificou a necessidade de aparatos políticos repressivos de inspiração totalitária.

Mesmo antes de aprofundarem suas investigações, os homens do "Serviço Secreto" concluíam de imediato, anotando em seus relatórios: "são suspeitos por possuírem uma biblioteca comunista", independentemente da quantidade e do conteúdo dos livros ali arrolados[8]. No início dos anos 30, por exemplo, a polícia registrou que na casa de Guerch Kaner "funcionava uma biblioteca de livros importados da URSS por Izak Jurovsky, adepto do regime soviético"[9]. Estes dados eram suficientes para a reafirmação da suspeita, principalmente se os exemplares apreendidos estivessem em língua estrangeira. Dentre os múltiplos casos identificados podemos citar ainda as obras *Kas gi tie Bolsevikai ir Sovietai? Klausimai ir Atsakymais* (1919) e *Kas tie Socialistai ir Ko jie nori?*, de A. Kollontay, ambas apreendidas em poder de Casemiro Kepenis[10].

A maioria destas "bibliotecas privadas" eram improvisadas dado o seu caráter clandestino. Qualquer canto do quarto se prestava para acondicionar alguns livros que compartilhavam o espaço com roupas, maletas e móveis (*Il. 24*).

A praxe era de se anexar aos prontuários múltiplas "provas do crime" sem se preocupar em avaliar o conteúdo das obras apreendidas como sediciosas. Na maioria das vezes, o título e o nome do autor eram suficientes para comprovar o delito que poderia ser reforçado com outros registros: fotografia da biblioteca, nota fiscal comprovando a compra do exemplar e, até mesmo,

8. *Relatório de Investigação (ass. ileg.) ao Delegado de Ordem Política e Social.* Gabinete de Investigações. São Paulo, 5 de março de 1932. *Pront. nº 182, Girch Feldmanas*, doc. 2, fl. 2. DEOPS/SP. AESP.
9. *Informe de Investigação sobre Girch Feldmanas e Izak Jurovsky*, s./d. *Pront. nº 182, Girch Feldmanas*, doc. 1, fl. 1. DEOPS/SP. AESP.
10. C. Kepenis, *Kas gi tie Bolsevikai ir Sovietai? Lietuviu Socialistu Sajungos Leidinyus N 41, 1919; Kas tie Socialistai ir Ko jie nori? Pront. nº 519, Casemiro Kepenis*, São Paulo. DEOPS/SP. AESP.

24 "Biblioteca comunista" apreendida no apartamento do Dr. Osório Cesar. *Pront. Nº 2431, Partido Comunista Brasileiro*, 2º vol., fl. 178.

uma simples anotação na agenda pessoal do suspeito. No prontuário de Antônio Mendes de Almeida, por exemplo, localizamos uma "nota de entrega" de 70 exemplares de *Em Marcha para o Socialismo*, vendido a 3 000 réis a unidade[11].

Havia entre os policiais um sentimento de animosidade contra tudo e contra todos que tivessem alguma relação com o País dos Sovietes. Bastava aparecerem no enunciado do livro as palavras "internacional comunista", "socialista", "sovietes" ou "bolchevique", para que este fosse apreendido e seu proprietário arrolado como suspeito (*Il. 25 e 26*). Esta orientação colaborou para a composição, no início dos anos 30, de uma resistência, de caráter internacionalista, aberto a todas as nacionalidades. Dentre estes grupos temos a Associação dos Amigos da Rússia que, de imediato, ficou sob o olhar vigilante do DEOPS[12].

O controle oficial, no entanto, não impediu que a Associação dos Amigos da Rússia distribuísse, em 1931, um folheto de propaganda do livro *A Nova Rússia*, de Julio Álvarez del Vayo. As repercussões foram imediatas, tanto por parte dos associados quanto da polícia que, em julho de 1931, apreendeu uma carta sobre esta questão. Nesta, Paulo Malburg, residente em Itajaí (SC), questionava a Editorial Pax a respeito do conteúdo daquela obra: "O que seria o verdadeiro comunismo dentro da Rússia? Interessa-me perguntar aos Amigos, por ter recebido um folheto de propaganda do livro *A Nova Rússia*"[13].

A vida do operário na Rússia era apresentada, através dos livros comunistas, como um modelo a ser conquistado pelos trabalhadores brasileiros. Tentava-se, através de impressos desta categoria, construir a imagem da Rússia como uma nação feliz, realizada do ponto de vista social e político. Esta tônica levou a polícia de Jundiaí a apreender naquela cidade o livro *Como Vive o Operário na Rússia Soviética (URSS)*, publicado em 1932[14] (*Il. 27*). Um outro

11. *Nota de entrega de livros fornecidos por A. P. Duarte Silva, gerente da Editorial Marenglen.* São Paulo, 26 de agosto de 1931. *Pront. nº 831, Editorial Marenglen.* DEOPS/SP. AESP.
12. *Pront. nº 533, Associação dos Amigos da Rússia.* DEOPS/SP. AESP.
13. *Carta de Paulo Malburg para o Editorial Pax.* Itajaí, 8 de julho de 1931. *Pront. nº 533, Associação dos Amigos da Rússia.* DEOPS/SP. AESP.
14. Dentre os temas abordados neste livreto temos: O Estado Soviético, a vida dos operários na Rússia (o salário e a dependência do operário, as habitações operárias, a liberdade, casamento e família, a mulher no regime soviético e religião. A abordagem se faz sempre de forma a comparar a vida do operário na Rússia com a vida do operário brasileiro.

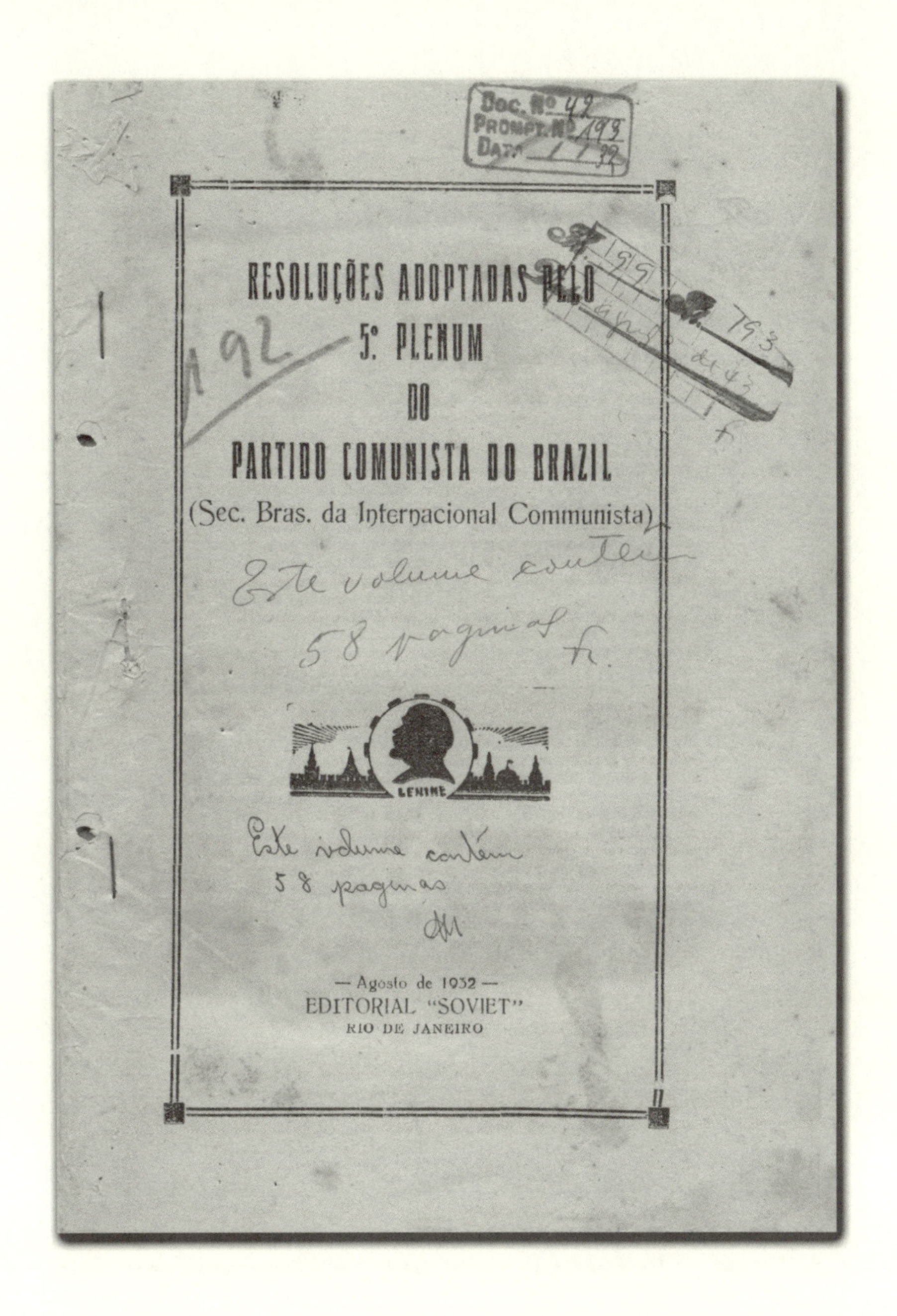

RESOLUÇÕES ADOPTADAS PELO 5º PLENUM DO PARTIDO COMUNISTA DO BRAZIL

(Sec. Bras. da Internacional Communista)

LENINE

— Agosto de 1932 —

EDITORIAL "SOVIET"

RIO DE JANEIRO

25 *Resoluções Adoptadas pelo 5º Plenum do Partido Comunista do Brasil (Sec. Brasileira da Internacional Comunista)*. Rio de Janeiro: Editorial Soviet, s./d. *Pront. nº 192, Hygino Alonso Delgado.* 2º vol., doc. 4. DEOPS/SP. AESP.

SOCIALISMO

ANNO I — 10 DE MARÇO DE 1933 — N.º 1

REVISTA QUINZENAL DE POLITICA, ECONOMIA LEGISLAÇÃO SOCIAL COOPERATIVISMO ORGANIZAÇÃO OPERARIA, ETC.

DIRIGIDA POR FRANCISCO FROLA

SUMMARIO:

APRESENTAÇÃO: *Francisco Frola* — OS PRECURSORES DO SOCIALISMO - I — A ESSENCIA DO SOCIALISMO - I — GENESE E DESENVOLVIMENTO DO PARTIDO SOCIALISTA ARGENTINO — A COOPERAÇÃO - I — O MOVIMENTO COOPERATIVISTA NA ITALIA: *Bruno Buozzi* — CAMPANHA A FAVOR DA REDUCÇÃO DAS HORAS DE TRABALHO: As reivindicações dos Syndicatos quanto á duração do trabalho; Os argumentos contra a reducção do temp de trabalho; Os principios fundamentaes do Convenio da semana de 40 horas — EM GENEBRA O PROLETARIADO FAZ VALER OS SEUS DIREITOS — A COLLABORAÇÃO DOS SYNDICATOS OPERARIOS NA ELABORAÇÃO DE ACCÔRDOS COMMERCIAES — O DESEMPREGO, A CRISE E A JORNADA DE 40 HORAS — FIM DE ANNO, FIM DE CRISE? — O PARTIDO SOCIALISTA BRASILEIRO E O PROBLEMA EDUCACIONAL: *Celso Barroso* — A NECESSIDADE DA ELABORAÇÃO DE UM PROGRAMMA AGRARIO SOCIALISTA: *Cyro Tassara de Padua* — NOTICIAS E COMMENTARIOS.

REDACÇÃO: RUA JOSE' BONIFACIO N.º 7. 2.º andar - Sala 5.
ENDEREÇO POSTAL: CAIXA POSTAL, 1349. São Paulo (Brasil)

2$

26 *Socialismo. Revista Quinzenal de Política, Economia, Legislação Social, Cooperativismo, Organização Operária, etc.* Dirigida por Francisco Frola. São Paulo (Nº 1), março, 1933. Doc. 34. *Pront. nº 152*, doc. 34. DEOPS/SP. AESP.

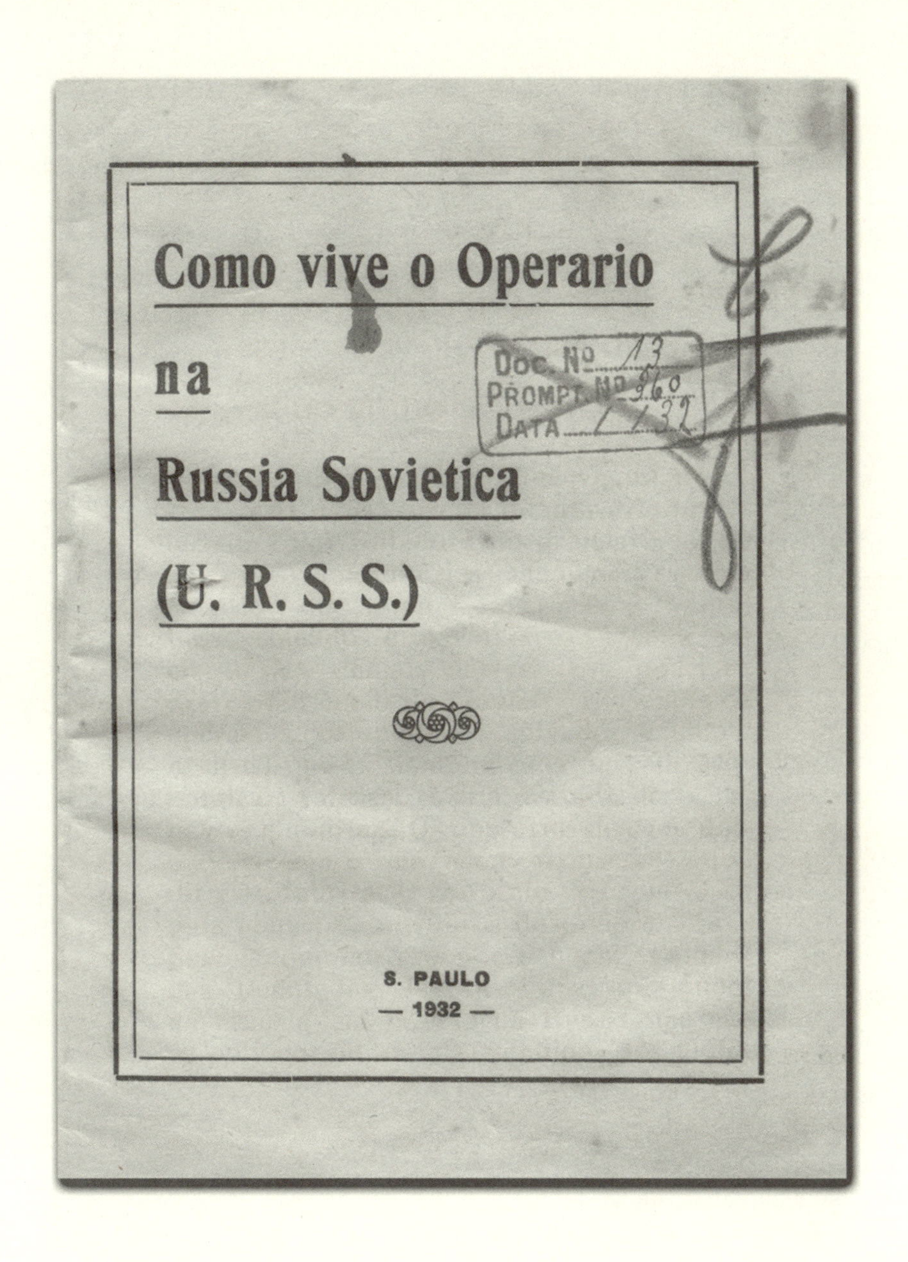

27 *Como Vive o Operário na Rússia Soviética (URSS)*. São Paulo, 1932. *Pront. Nº 360, Odilon Gonzales Vasques*. Doc. 13, fl. 15. DEOPS/SP. AESP.

exemplar deste livreto de apenas 22 páginas foi apreendido na sede da ANL em São Paulo e anexado ao prontuário de Ângelo Venâncio, juntamente com um exemplar do jornal *A Plebe*, de 25 de novembro de 1935, e duas folhas do jornal carioca *A Manhã*, de 31 de julho de 1935[15].

Em uma das buscas efetuadas na residência de Geraldo Ferraz, reconhecido militante comunista nos anos 30, foi apreendida uma grande quantidade de livros marxistas e boletins comunistas que, segundo a polícia, serviam para "propagar a deletéria doutrina marxista". Ao ser detido em 15 de novembro de 1937, Geraldo Ferraz foi descrito como sendo um "profissional da imprensa, dono de vasta cultura, ex-membro da Legião 5 de Julho, redator-chefe do *Homem Livre*, jornal "disfarçadamente esquerdista"[16]. O investigador Ribeiro de Andrade relatou ao delegado responsável pelo DEOPS paulista, em janeiro de 1938, que Geraldo Ferraz "dispensava um carinho especial pelos estudos soviéticos, a ponto de possuir livros raros no Brasil sobre o marxismo, como *El 18 Brumario*, de Karl Marx e *Les Problèmes de la Guerre Civile*, de Trótski".

A relação de livros registrados no "Auto de Busca e Apreensão" efetuado na residência de Hygino Alonso Delgado em 7 de junho de 1934 é um espelho da composição de uma autêntica biblioteca dita "comunista". Nas estantes do quarto de dormir do acusado foram encontradas as seguintes obras, cuja grafia reproduzimos conforme o documento (*Il. 28*):

2 vol. PROUDHON – *Oeuvres*
1 vol. SAUER – *Grammaire Russe*
1 vol. C. CAMPOS – *Idéias Revolucionárias*
1 vol. *Conferénce Internationale Paysanne*
1 vol. R. MICHELS – *Saggi Economico-stastiche*
1 vol. BRIAND – *Sindicalismo e Greve Geral*
1 vol. C. PRADO – *URSS: Um Novo Mundo*
1 vol. SEMENOFF – *Histoire de Russie*

Como Vive o Operário na Rússia Soviética (URSS), de autor anônimo, São Paulo, 1932. *Pront. nº 581, Delegacia de Polícia de Jundiaí*, vol. 1, doc. 13, fl. 15. DEOPS/SP. AESP.

15. *Pront. nº 2764, Ângelo Venâncio*. Doc. 17, fl. 17. DEOPS/SP. AESP.

16. *Comunicação nº 15 de detenção de Benedito Geraldo Ferraz Gonçalves para o Delegado de Ordem Política*. São Paulo, 18 de novembro de 1937, fl. 46. *Pront. nº 2381, Benedito Geraldo Ferraz Gonçalves*. DEOPS/SP. AESP.

DELEGACIA REGIONAL DE POLICIA

CÓPIA

SANTOS

AUTO DE BUSCA E APREENSÃO

Aos sete dias do mês de Junho de mil novecentos e trinta e quatro, nesta cidade de Santos em a casa numero 125 da rua Espirito Santo, onde reside Hygino Alonso Delgado,aí,pelas dezesete horas,presentes o doutor Pedro de Alcantara Carvalho de Oliveira,Delegado Regional de Policia,comigo escrivão do seu cargo abaixo assinado e as testemunhas infra assinadas,ordenou a autoridade se procedesse a rigorosa busca no quarto ocupado pelo mesmo Hygino,aí se encontrando e apreendendo o material de propaganda communista seguinte que se encontrava em uma estante existente no mesmo quarto: 2 volumes Proudhon-Oeuvres;1 volume Sauer-Gramaire Russe;1 volume C.Campos-Idéas Revolucionarias;1 volume Conference Internacionale Paypame;1 volume R.Michels-Saggi Economico-stastiche;1 volume Briand-Sindicalismo e greve geral;1 volume C.Prado - U.R.S-S. Um Novo Mundo; 1 volumeSemenoff-Histoire de Russie; 1 volume A Crise Bralis e a solução Revolucionaria;1 volume Carpeter-Sociedade nova e Republica;1 volume Riazanov - Marx et Engls;1 volume P.Rouis - Histoire du socialisme en France;1 volume Losovski -Sindical Roja;1 volume-Letourneaux-La Sociologie;1 volume-Lenine-Sur la Route des Insurrections; 1 volume - Lenine-Letat et la Révolution; 1 volume-Tolstoi-Guerre et Paix;2 volumes -Beer-Sozialismus;1 volume-Riera-La Russia Roja; 1 volume- Barbuse - A nova Russia;1 volume- Hegel -Filosofia;1 volume Boukarine-Materialisme Historique;1 volume-D'Antre- Le tir pour Vaincre;1 volume-Trostsky-Oú va l'angleterre;2 volumes-Resusta-correspondencia Sul-Americana; 1 volume-Ostrogersk-La Democracie;1 volume Brunkes- la Degradation de L'Energie;1 volume-Koszul-Schelley;2 volumes-K-Marx-euvres Philosophiques;1 volume K.Marx -Critique de Gotha;1 volume-Sorel-De utilité du Pragmatisme;1 volume-Berth-Guerre des Etats ou de classes;1 volume-E.Dias-Bastilhas Modernas;1 volume-Stepinrak -Russia subterranea; 1 volume - F.C.Endres -La Guerre des Gaz; 1 volume-O.Brandão- Russia Proletaria;1 volume-C.Valaux-La mer;2 volumes- M.Nordau-As mentiras convencionaes;1 volume-I.Jaurés-

28 *Auto de Busca e Apreensão* na residência de Hygino Alonso Delgado. *Pront. nº 192*, fl. 131.

1 vol. *A Crise do Brasil e a Solução Revolucionária*

1 vol. CARPETER – *Sociedade Nova e República*

1 vol. RIAZANOV – *Marx e Engels*

1 vol. P. ROUIS – *Histoire du Socialisme en France*

1 vol. LOSOVSKI – *Sindical Roja*

1 vol. LETOURNEAUX – *La Sociologie*

1 vol. LENINE – *Sur la Route des Insurrections*

1 vol. LENINE – *L'État et la Révolution*

1 vol. TOLSTOI – *Guerre et Paix*

1 vol. BEER – *Sozialismus*

1 vol. RIERA – *La Russia Roja*

1 vol. BARBUSE – *A Nova Rússia*

1 vol. HEGEL – *Filosofia*

1 vol. BOUKARINE – *Materialisme Historique*

1 vol. D'ANTRE – *Le tir pour Vaincre*

1 vol. TROTSKY – *Où va l'Angleterre*

2 vol. *Correspondência Sul-Americana*

1 vol. OSTROGERSK – *La Democratie*

1 vol. BRUNKES – *La Dégradation de L'Energie*

2 vol. K. MARX – *Oeuvres Philosophiques*

1 vol. SOREL – *De Utilité du Pragmatisme*

1 vol. BERTH – *Guerre des États ou de Classes*

1 vol. E. DIAS – *Bastilhas Modernas*

1 vol. STEPINRAK – *Rússia Subterrânea*

1 vol. F. C. ENDRES – *La Guerre des Gaz*

1 vol. BRANDÃO – *Rússia Proletária*

2 vol. M. NORDAU – *As Mentiras Convencionaes*

1 vol. I. JAURÉS – *L'Armée Nouvelle*

1 vol. DALLA-VOLTA – *Saggi Economici*

1 vol. S. STALINE – *Discours sur le Plan Quinquenal*

1 vol. LABRIOLA – *Essais sur la Conception Meterialiste de L'Histoire*

1 vol. G. AMADO – *Aparências e Realidades*

1 vol. K. MARX – *La Guerre Civile*

1 vol. ZOCHTCHNKO – *No Paraizo Bolchevista*

1 vol. F. LACERDA – *L. Prestes. Lucta contra o Prestismo e a Revolução Agrária e Anti-imperialista*

1 vol. F. SLANG – *O Encouraçado "Potemkim"*
1 vol. MANTSÀ – *Tempestade sobre a Ásia*
1 vol. M. GOLD – *Judeus Sem Dinheiro*
1 vol. MOTTA LIMA – *Bruhaha*
1 vol. G. SCHMOLLER – *Politique Sociale*
1 vol. A. TCHECOFF – *Os Inimigos*
1 vol. T. HUXLEU – *L'Origine des Espèces*
1 vol. NICOLAS – *Histoire de la Russie*
1 vol. REMARQUE – *Nada de Novo na Frente Ocidental*
5 vol. K. MARX – *O Capital*
1 vol. REULÉ – *Le Sang de Germanicus*
1 vol. LORIA – *Movimento Opperario*
1 vol. RICTU – *Les Soliloques de Pauvre*
1 vol. GIOTEZ – *Le Travail dans la Grèce-Ancienne*
1 vol. Almanaque – *O Livre Pensador*
1 vol. M. LEROY – *La Coutume Ouvrière*
2 vol. Revista – *O Internacional, 1920-1929*
2 vol. Revista – *O Trabalhador Latino-Americano*
1 folheto *URSS*
3 folhetos A. SCHMIDT – *Os Negros*
1 folheto *Carta Aberta aos Operários e Camponezes dos Paizes Capitalistas*
1 vol. DI CAVALCANTI – *A Realidade Brasileira*
15 jornaes *A Nossa Voz*, nº 23
1 *retrato de Lênin*, em um quadro grande[17].

Esta relação de livros "sediciosos" nos oferece um painel bastante complexo das práticas de leituras de um ativista comunista nos anos 30 e 40. Percebemos que há uma certa regularidade nos títulos que se concentravam nas obras teóricas de Marx, Engels e Lênin. A persistência de alguns assuntos "revolucionários" expressam a tipologia do discurso político em voga naquele momento e que, certamente, influenciava as condutas políticas do operariado brasileiro identificado com o movimento comunista internacional. O

17. *Auto de Busca e Apreensão por Pedro de Alcântara Carvalho de Oliveira, Delegado Regional de polícia. Delegacia Regional de Polícia.* Santos, 7 de junho de 1934. *Pront. nº 192*, vol. 2, fl. 131. DEOPS/SP. AESP.

registro de uma diligência efetuada na residência de Humberto Figueiredo Pennaforte, jornalista natural do Rio Grande do Sul e morador na capital paulista, demonstra que os investigadores apreendiam, por via das dúvidas, todo material impresso ou manuscrito que encontravam e que "parecia interessar à delegacia". Dentre os títulos arrolados temos:

– 1 vol. *A Marcha sobre Roma e Arredores*, de E. Lussu;
– 1 vol. *Os Generaes Morrem na Cama*, de Charles Y. Harrisson;
– 1 *Programa Socialista*, de Karl Kautsky;
– 1 *Song-Kay, o Pirata*, de Conan Doyle[18].

Em 1947, a Delegacia Regional de Polícia de Ribeirão Preto ao "dar uma batida" na sede do Partido Comunista, localizada no prédio da União Geral dos Trabalhadores, apreendeu uma vasta biblioteca cujos títulos expressam o perfil ideológico dos líderes do movimento no interior do Estado de São Paulo. Percebemos que algumas obras tratavam das formas de organização e táticas de doutrinação das massas como, por exemplo: *Normas Orgânicas para o 4º Congresso do Partido Comunista Brasileiro; As Guerras Camponesas na Alemanha*; *Levemos às Massas Nossa Linha Política*; *Divulgação Marxista; Salário, Troco e Lucro*; *Como Organizar o Povo para a Luta da Democracia; Um Passo Adiante, Dois Passos Atrás*; *Caderno de Propagandística nº 1*; *A Arte Infantil*; *Meio Soviético*; *Do Socialismo Utópico ao Socialismo Científico*[19]. Constatamos, também, a presença de vários volumes de uma mesma obra, principalmente daquelas que expressavam o pensamento dos principais teóricos endossados pelos ativistas brasileiros. Por exemplo, *Marxismo e Revolução*, de Lênin (3 unid.); *Lênin e o Leninismo*, de J. Stálin (11 unid.); *Teses da Terceira Conferência Nacional do Partido Comunista* (12 unid.); *Socialismo Utópico*, de Friedrich Engels (42 unid.); *Os Comunistas e o Monopólio da Terra* (10 unid.); *Materialismo Histórico*, de J. Stálin (25 unid.).

Vários outros títulos concentravam-se em torno da figura de Luís Carlos Prestes, prestando-se para alimentar a imagem do grande ativista e líder do

18. *Auto de Busca e Apreensão ao Delegado de Ordem Social*. Superintendência de Ordem Política e Social. São Paulo, 20 de janeiro de 1936. *Pront. nº 647, Humberto Figueiredo Pennaforte*, doc. 31, fl. 32. DEOPS/SP. AESP.
19. *Auto de Apreensão. Pront. nº 548, Delegacia Regional de Polícia de Ribeirão Preto*, 2º vol. DEOPS/SP. AESP.

comunismo no Brasil: *Os Comunistas na Luta pela Paz e pela Democracia*, de Luis Carlos Prestes (53 unid.); *Luís Carlos Prestes e Dolores Ibarruri, La Pasionaria* (11 unid.); *Luís Carlos Prestes e o Partido Comunista na Luta pela Paz e pela Democracia* (14 unid.); *União Nacional*, de Luís Carlos Prestes (36 unid.)[20].

Certas obras atingiram o recorde de exemplares apreendidos independentemente da avaliação prévia do seu conteúdo. Ao lado de 119 exemplares do *Manifesto Comunista* encontra-se registrado o confisco de 221 unidades de *Guarniere Rossini Camargo*, sem outras informações. Alguns títulos causam uma certa estranheza dentre tantos outros citados que, realmente, faziam jus à classificação de "revolucionários". Ao lado da obra *Trajetórias de Castro Alves* (2 unid.) encontramos *Literatura* (23 unid.), *As Montanhas e os Homens* (3 unid.) e *As Raças da Humanidade.*

Através das declarações prestadas pelos depoentes é possível recuperarmos alguns títulos cuja leitura era recomendada pelos líderes do Partido Comunista. Dentre os mais citados como "leitura obrigatória a todos os comunistas" temos *História do Partido Comunista (Bolchevique) da Rússia*, redigida por uma comissão do Comitê Central do Partido Comunista Internacional. Outro livro considerado como "clássico" intitulava-se *Problemas da Frente Única*, de Dimitroff, além do livro cubano de Rito Esteban, *Sobre el Movimiento Obrero de Europa y América* no qual também se comenta o assunto da Frente Única[21].

20. *Auto de Apreensão*. São Paulo, 17 de setembro de 1947. *Pront. nº 548, Delegacia Regional da Polícia de Ribeirão Preto*. DEOPS/SP. AESP.

21. *Relatório Instaurado Contra Constantino Milano Neto e Outros, como Autores e Signatários do Chamado Manifesto dos ex-líderes Sindicais, redigido por Eduardo Lousada Rocha, Delegado de Ordem Social*. São Paulo, 8 de junho de 1948, fls. 87-121. *Pront. nº 1816, João Taibo Cadorniga*. DEOPS/SP. AESP.

Edições Perigosas

Desde o momento da instalação do DEOPS em 1924, as buscas policiais estiveram direcionadas para os boletins e livros (*Il. 29*), marxistas e comunistas. O tom era sempre de denúncia social, assunto que realmente incomoda a todo e qualquer regime, seja este de esquerda ou de direita. Através das obras confiscadas por esta "polícia das idéias" é possível recuperamos os múltiplos vieses do movimento de resistência ao autoritarismo. Constatamos que a maioria dos escritores que tiveram seus livros apreendidos, eram ativistas políticos e, mesmo sem formação acadêmica, atuavam como intelectuais orgânicos junto ao movimento operário, anarquista ou comunista.

Os períodos de 1936-1938 e 1961-64 são apresentados pelo historiador Rodrigo Patto Sá Motta como sendo os momentos em que o anticomunismo "foi mais forte e marcante constituindo-se em fator central nas lutas políticas então travadas"[1]. Tal afirmação confirma-se ao contabilizarmos os números de presos políticos, principalmente intelectuais e jornalistas, editoras e gráficas clandestinas e, dentre outros tantos indícios da repressão, o número de livros apreendidos. No entanto, desde o momento de sua criação em São Paulo, o DEOPS procurou vigiar de perto os "hereges da leitura", colaborando para mutilar a cultura nacional e ordem do saber. A experiência de Domingos Braz, Lívio Abramo, Benedito Romano, Florentino de Carvalho,

1. R. P. S. Motta, *op. cit.*, p. 13.

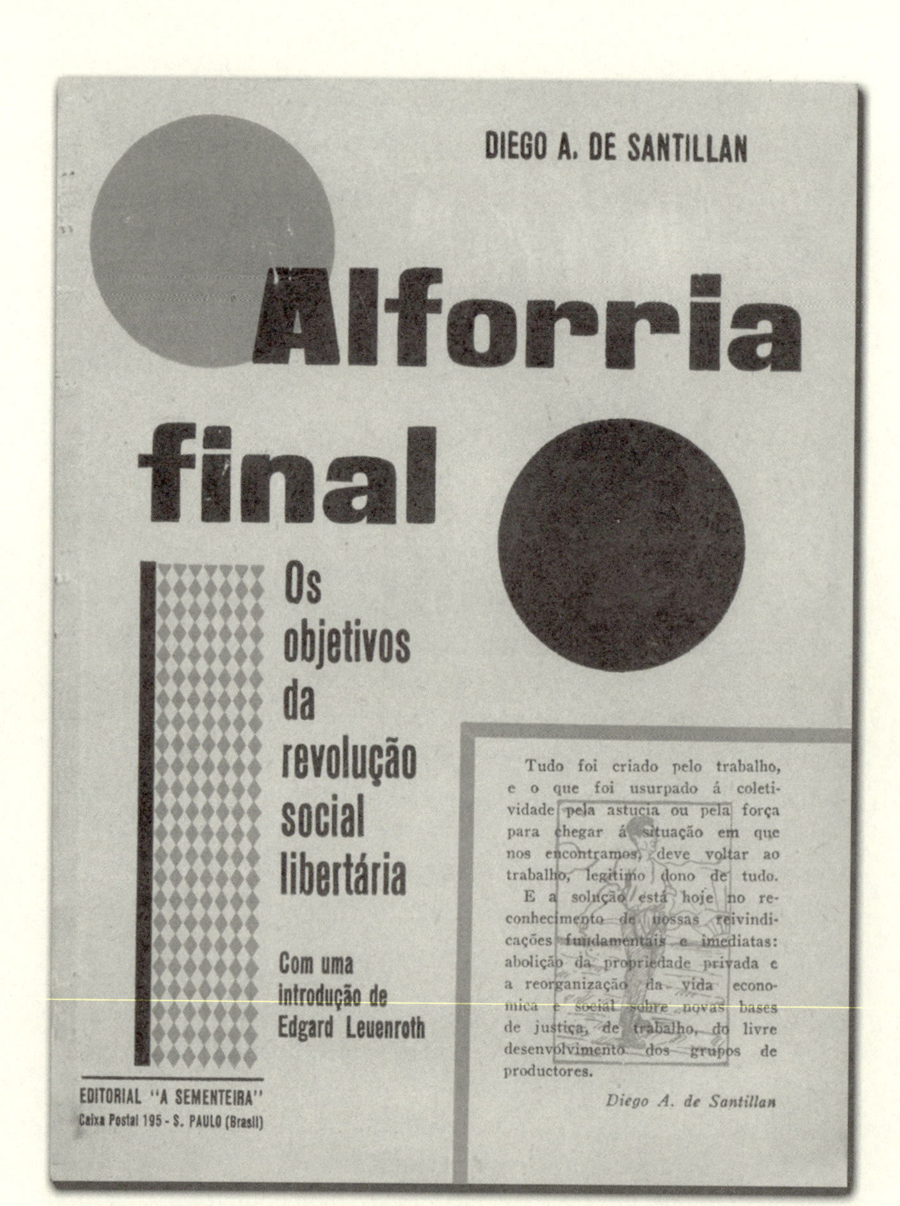
DIEGO A. DE SANTILLAN

Alforria final

Os objetivos da revolução social libertária

Com uma introdução de Edgard Leuenroth

EDITORIAL "A SEMENTEIRA"
Caixa Postal 195 - S. PAULO (Brasil)

Tudo foi criado pelo trabalho, e o que foi usurpado á coletividade pela astucia ou pela força para chegar á situação em que nos encontramos, deve voltar ao trabalho, legitimo dono de tudo.
E a solução está hoje no reconhecimento de nossas reivindicações fundamentais e imediatas: abolição da propriedade privada e a reorganização da vida economica e social sobre novas bases de justiça, de trabalho, do livre desenvolvimento dos grupos de productores.

Diego A. de Santillan

29 *Alforria final. Os objetivos da Revolução Social Libertária*, de Diego A. de Santillan. Introdução de Edgard Leuenroth. São Paulo, Editorial "A Sementeira", s./d. *Pront. nº 1262*. DEOPS/SP. AESP.

Felícia Itkis e Genny Gleizer ilustram essa caça sistemática às edições avaliadas como perigosas à Ordem Política e Social.

O operário Domingos Braz, por exemplo, autor do brochura *Dos Meus Momentos de Lazer... Morrem os Homens... Mas a Idéia Fica!*, editado no Pará em 1927 (*Il. 6*), era também membro do Partido Comunista em São Paulo, atuando como adepto da União Operária e Camponesa do Brasil. Através de seus poemas, Domingos Braz procurava sensibilizar o público leitor tratando de temas polêmicos como tirania, exílio, liberdade e resistência à opressão[2]. Dentre as obras confiscadas de Domingos Braz temos *A Greve da Leopoldina*, de autoria de Astrogildo Pereira Duarte Silva (*Il. 30*), que, publicada em 1920, tratava das más condições de vida dos trabalhadores da Companhia Ferroviária Leopoldina Railway, da União dos Empregados da Leopoldina, da greve da Companhia e da postura governamental com relação aquele segmento social[3].

Durante os registros das declarações dos indiciados, a polícia ficava sempre atenta a qualquer referência alusiva à Rússia e ao comunismo. Interessava-lhe constatar as formas de aprendizado da subeversão: qual a origem daquelas idéias sediciosas? Os livros eram vistos sempre como os suportes do ideário comunista e os intelectuais seus principais mentores. Felícia Itkis – judia, comunista e mulher ativista, interrogada sobre esta questão em 1933 – declarou saber o que era comunismo, célula comunista, Comitê Central do Partido Comunista e Socorro Vermelho, pois aprendera isso nos livros. Dentre estes citava *A Nova Rússia*, *Judeu Sem Dinheiro*, *Ciumento* e outros, adquiridos de Alexandre Wainstein, seu fornecedor e proprietário da Editorial Pax[4].

O caso de Felícia Itkis nos remete ao de Genny Gleizer, judia romena que, aos 17 amos, acabou sendo deportada do Brasil sob a acusação de ser uma "bela e jovem astuta comunista". O drama de Gleizer em 1935 comoveu a nação e, pela primeira vez, registrou-se o envolvimento da sociedade civil

2. D. Braz, *Dos Meus Momentos de Lazer... Morrem os Homens... Mas a Idéia Fica!*, Belém, Tipographia Arruda, 1927. *Pront. nº 493, Domingos Braz.* DEOPS/SP. AESP

3. A. P. D. Silva, *A Greve da Leopoldina*, Rio de Janeiro, Coleção Spartacus, 1920. *Pront. nº 44, Astrogildo Pereira Duarte da Silva.* DEOPS/SP. AESP.

4. *Termo de Declarações de Felícia Itkis para Alfredo Pagliuchi, Comissário de Ordem Social.* Gabinete de Investigações. São Paulo, 26 de outubro de 1933. *Pront. nº 73, Felícia Itkis.* DEOPS/SP. AESP.

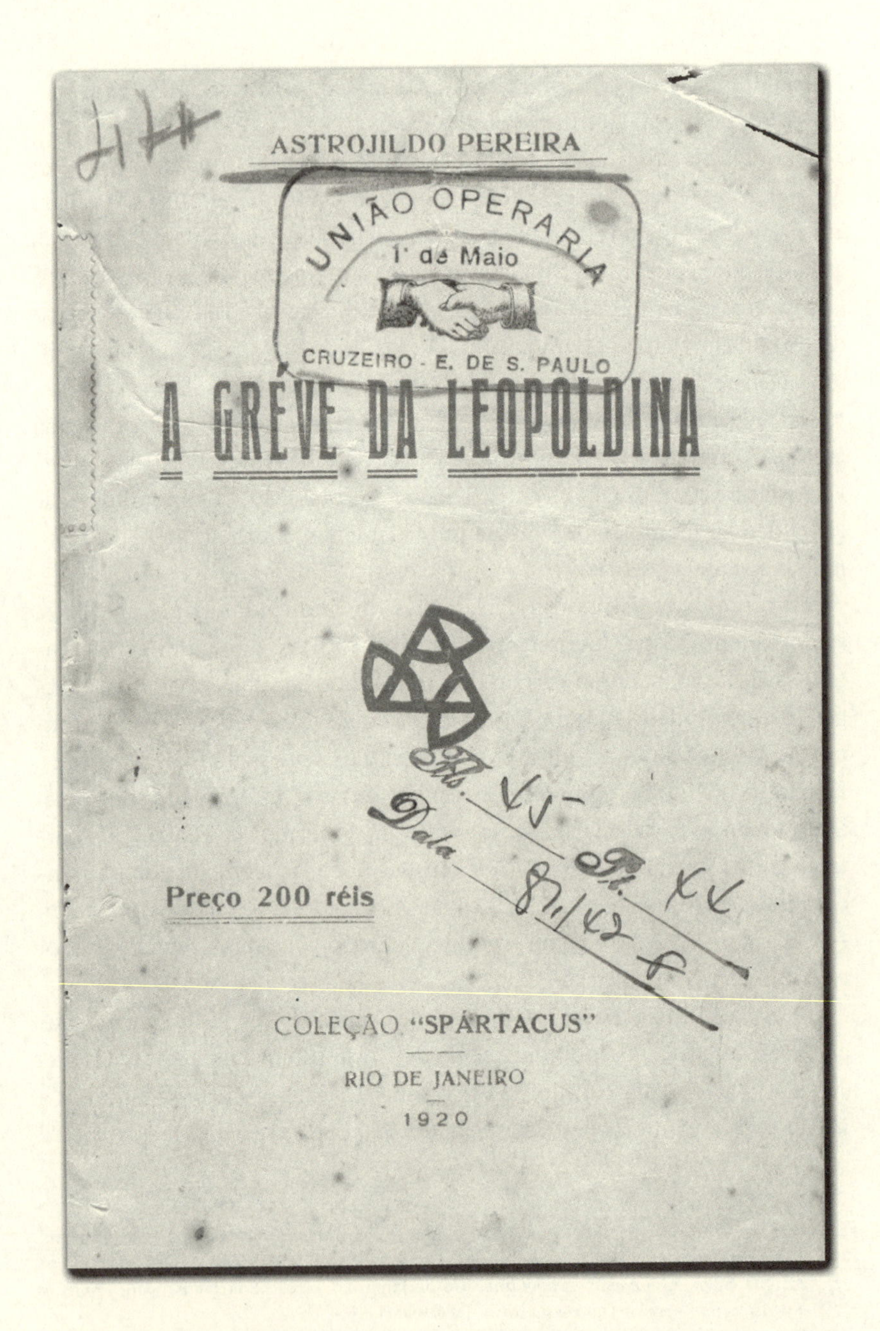

30 *A Greve da Leopoldina*, de Astrogildo Pereira. Rio de Janeiro, Coleção "Spartacus", 1920. *Pront. Nº 44, Astrogildo Pereira Duarte Silva*. 1º vol., fl. 45. DEOPS/AESP.

em prol da libertação de um preso político e em nome dos direitos do cidadão. Abaixo-assinados de intelectuais, de associações e de estudantes foram encaminhados à polícia em defesa dos direitos de cidadania da pequena romena. No entanto, as provas apreendidas incriminavam aquela mulher-menina cuja identidade judaica foi tratada com preconceitos[5].

Em 1935, foram apreendidos com Genny Gleizer cerca de 12 livros, além de um revólver e uma agenda de propriedade de seu pai, datada dos anos 20, com anotações em hebraico. Dentre os títulos arrolados e confiscados estavam: *A Questão Judaica, Questão Social*, de José Perez; *ABC do Comunismo* e *Tratado de Materialismo Histórico*, ambos de N. Bukharin; *Homens e Máquinas*, de Larissa Reissner; *De Amundsen a Del Prete*, de Maria Lacerda de Moura; *Marx e Engels*, de Riazonov; *Manifesto Comunista; A Voz Subterrânea*, de Dostoiévski; *Dez Dias que Abalaram o Mundo*, de John Reed; *Dietário Crepuscular*, de N. Vargas e *A Nova Rússia*, de Julio Álvarez del Vayo[6].

O próprio título de uma coletânea editada no exterior prestava-se como chamariz para o faro policial: *Temas Subversivos*. Os números apreendidos na sede da Federação Operária de São Paulo e na residência de Benedito Romano eram compostos de conferências proferidas por Sebastian Faure nos anos de 1920 e 1933 e que versavam sobre "a moral oficial e... a outra" (*Il. 15*), "e a falsa redenção"[7] (*Il. 14*). Na residência de Lívio Abramo, funcionário da *Revista de São Paulo* e intelectual ligado as atividades do Club dos Artistas modernos, foram apreendidos em 1936: *La Forge. Revue d'Art et de Littérature* (*Il. 31*); *El Terror en Cuba*, prefaciado por Henri Barbuse e *Quaderno nº 2* (*Il. 32*). Aliás, portar qualquer publicação editada no exterior, independente do conteúdo, se prestava como indício de subversão[8].

Em 1940, judeus lituanos foram acusados de ser "simpatizantes do regime soviético", após uma sindicância sobre Girch Feldmanas e Izak Jurovsky.

5. M. L. T. Carneiro, "Trilogia dos Estigmas", *Não Olhe nos Olhos do Inimigo*, São Paulo, Paz e Terra/Instituto Goethe, 1995, pp. 39-51.

6. *Auto de Exibição e Apreensão*. Gabinete de Investigações. São Paulo, 24 de setembro de 1935. *Pront. nº 209, Genny Gleizer*, vol. 2, doc. 38, fl. 37. DEOPS/SP. AESP.

7. S. Faure, *La Moral Oficial y ... la Otra. Temas Subversivos nº 5*. Buenos Aires, Editorial "La Protesta", 1922. *Pront. nº 716, Delegacia Regional de Rio Claro*; S. Faure, La Falsa Redencion. Valparaiso, Editorial "Más Allá", s./d. *Pront. nº 1262, Bendito Romano*, vol. 1 DEOPS/SP. AESP.

8. *La Forge. Revue d'Art et de Littérature*, s./r.; *El Terror en Cuba*. Madrid, 1933; *Quaderno nº 2*, 5 Giugno 1932. *Informe do Comissário Addido para o Delegado da Ordem Social*. São Paulo, 1936. *Pront. nº 2238, Lívio Abramo*. DEOPS/SP. AESP.

Quatorzième Cahier 1 Fr. 50 Avril 1919

LA FORGE

REVUE D'ART ET
DE LITTÉRATURE

PARIS
LIBRAIRIE D'ACTION D'ART
DE LA GHILDE « LES FORGERONS »
Office littéraire et artistique
12, rue de l'Ancienne-Comédie, 12
1919

31 *La Forge. Revue D'Art et de Littérature (14).* Paris, Librairie D'Action D'Art de la Ghilde. Les Forgerons, abril, 1919. Exemplar apreendido na residência de Lívio Abramo em 1936. *Pront. nº 2238, Livio Abramo.* DEOPS/AESP.

32 *Quaderno Nº* 2, 5 Giugno 1932. Apreendido na residência de Lívio Abramo. *Pront. Nº 2238, Livio Abramo.* DEOPS/AESP.

Concluiu-se que o primeiro residia na casa de um tal Guerch Kaner, que guardava uma biblioteca de livros importados da Rússia. Jurovsky, por sua vez – "farmacêutico formado no país dos sovietes" – como seu colega, importava livros da URSS que eram guardados na casa do mesmo Kaner[9].

Livros anarquistas incomodavam tanto quanto os comunistas. Algumas edições foram classificadas pela polícia de "incendiárias" como o livro *Da Escravidão à Liberdade: A Derrocada Burguesa e a Ascensão da Anarchia*, de autoria de Florentino de Carvalho, reconhecido pelo codignome Primitivo

9. *Informações sobre Girch e Isak Jurovsky. Pront. nº 182, de Girch Feldmanas*, doc. 1, fl. 1. DEOPS/SP. AESP.

Raymundo Soarez (ou Suarez). Espanhol e eletricista, Florentino consta da *Relação de Anarchistas* elaborada pelo DEOPS em 1926. Considerado como um "anarquista perigoso" costumava dissertar sobre programa libertário e seus princípios, valendo-se de "frases lapidadas". Foi acusado de tentar convencer os operários da necessidade de se efetuar uma "radical mudança das coisas do mundo". A seu ver, o silêncio deveria ser quebrado através das greves, incêndios e ataques aos policiais, que mereciam ser tratados como cães.

O discurso de Florentino de Carvalho identificado em seus escritos, pregava a necessidade de se ampliar a ação revolucionária anarquista através da violência. Segundo a polícia, seu livro era "incendiário" e sua ação era "nefasta", ambos apresentados como causadores de desgraças[10].

A reforma agrária era outro tema pecaminoso sobre o qual não se deveria falar nem escrever. Um livreto, publicado pela Empresa Brasileira de Terrenos Ltda. (EBTL), foi apreendido nos anos 30 e anexado aos autos de Miguel Levet, acusado de ser comunista. Sob o título *Communismo* e com distribuição gratuita, este impresso trazia um artigo específico sobre questões sociais, informando sobre a "revolta de Outubro", "propostas de reforma agrária" e, finalmente, "venda de lotes agrícolas pelo EBTL"[11].

A posse de cada livro, se questionada pela polícia, deveria ter sua procedência justificada, o que nem sempre era possível de ser comprovado. Através dos termos de declarações prestadas pelos suspeitos, possíveis leitores das obras proibidas, podemos acompanhar a lógica do discurso policial. Tentava-se, através das perguntas elaboradas pelo delegado inquiridor, identificar a origem daquela literatura. As referências apresentadas pelo declarante eram, como sempre, as mais superficiais possíveis, de forma a não comprometer o "fornecedor". Arvídio Berzin, industrial em Rio Claro (SP), ao ser questionado sobre a posse de certos livros apreendidos em sua residência, forneceu, em 1936, evasivas informações ao delegado:

> O livro *O Capital* havia sido adquirido em Campinas em 1930; os livros *Dez Dias que Abalaram o Mundo* e *Civilização, Tronco de Escravos* foram comprados na Estação da Luz, em São Paulo; *Impressões de Moscou-Rússia*, foi jogado em sua casa por pessoa que este

10. *Índice nº 1 da Relação de Anarchistas, feita em setembro de 1926.* Copiado em 15 de fevereiro de 1933. *Pront. nº 144, Florentino de Carvalho*, doc. 2, fl. 2. DEOPS/SP. AESP.
11. *Communismo.* EBTL, s./d., *Pront. nº 339, Miguel Levet.* DEOPS/SP. AESP.

ignora; o livro *No País dos Sovietes* foi comprado em viagem... que o motivo de possuir tais livros é que possuiu uma vasta biblioteca[12] (*Il. 33*).

Sempre que possível, os consumidores de "livros sediciosos" procuravam dissimular a procedência do livro. A orientação dada aos filiados e simpatizantes do Partido Comunista era para afirmarem sempre que *de nada sabiam*. Isto explica a resposta evasiva dada por Arvídio Berzin de que "alguém teria jogado o livro em sua casa" ou aquela de Oscar dos Reis que afirmou ter recebido o livro *O Que É o Governo Popular Nacional Revolucionário* de "um desconhecido na Rua da Penha"[13] (*Il. 34*).

No entanto, a pressão exercida pela polícia sobre Oscar dos Reis, forçou-o a confessar que, por ser amigo de Generoso Gaudio Anastácio, militante comunista, recebera deste, em 1936, uma coleção de livros de propaganda marxista. Fez questão de informar que fora apenas como empréstimo, o que não o impediu de queimá-los e cientificar Generoso desse ato. Este, segundo o declarante, chegou até a lhe apresentar uma lista contendo o preço dos livros a serem indenizados.

Muitas vezes um título "fantasia" atribuído a uma obra poderia levantar suspeitas como foi o caso de *Liberte-se para Defender-se dos Males*. Este livreto, publicado pela Sociedade de Assistência Médico-Jurídica, foi considerado como perigoso por estar propagandeando o comunismo, ao convocar as pessoas para se associarem àquela sociedade "indicando as vantagens que obteriam com isso", ou seja: a liberdade para além de todos os males[14] (*Il. 35*).

As ordens de serviço dirigidas ao "Serviço Secreto" eram dadas de forma a dificultar, o máximo possível, a circulação dos livros sediciosos. Em 1941, por exemplo, uma livraria improvisada que vendia livros de propaganda "subversiva" (comunista e anarquista) na Praça da Sé, teve suas portas fechadas.

As residências dos lituanos eram visadas pela polícia que se mantinha atenta à literatura político-ideológica escrita em lituano (*Il. 36*). Na residên-

12. *Termo de Declarações de Arvídio Berzin*. Delegacia de Polícia de Rio Claro. Rio Claro, 1 de julho de 1936. *Pront. nº 71, Delegacia de Rio Claro*, doc. 11, fl. 14. DEOPS/SP. AESP.
13. *O Que É o Governo Popular Nacional Revoluncionário, s./e., s./d., Pront. nº 201, Oscar dos Reis*, doc. 5. DEOPS/SP. AESP.
14. *Liberte-se para Defender-se dos Males. Sociedade de Assistência Médico-Jurídica. Pront. nº 482*, fl. 6. DEOPS/SP. AESP.

Delegacia de Policia

de

Rio Claro

Termo de Declarações

Em primeiro de Julho de mil novecentos e trinta e seis nesta cidade de Rio Claro na sala da Delegacia de Policia onde se achava o Cidadão João Timoni, 2º Supp. em exercicio Delegado de Policia, commigo escrivão, adeante nomeado, ahi presente ARVIDIO BERZIM, casado, industrial, de vinte e cinco annos de edade, natural de Villa Americana filho de Henrique Berzim e de Paulina Berzim residente nesta cidade em a Rua 2 nº 3 sabendo ler e escrever. Inquerido pela autoridade com relação ao facto constante da portaria de fls. Respondeu que com referencia a apprehensão de diversos livros encontrados em sua residencia, o declarante tem a dizer o seguinte:- que a procedencia desses livros são varias; que o livro CAPITAL, foi adiquirido em Campinas em 1930, na livraria Moderna; que oslivros DEZ DIAS QUE ABALARAM O MUNDO e CIVILIZAÇÃO- TRONCO DE ESCRAVOS, foram comprados na Estação da Luz em São Paulo; que o livro IMPRESSÕES DE MOSCOW- RUSSIA foi jogado em casa do declarante por pessoa que este ignora e finalmente o livro NO PAIZ DOS SOVIETS foi comprado em viagem, não presisando o decla-

33 *Termo de Declarações de Arvídio Berzim* confirmando a posse de livros. *Pront. nº 71, Arvídio Berzim.* Doc. 11, fl. 12. DEOPS/SP. AESP.

34 *O que é o Governo Popular Nacional Revolucionário*, 14 fls. *Pront. nº 201, Oscar dos Reis*, fl. 1. DEOPS/AESP.

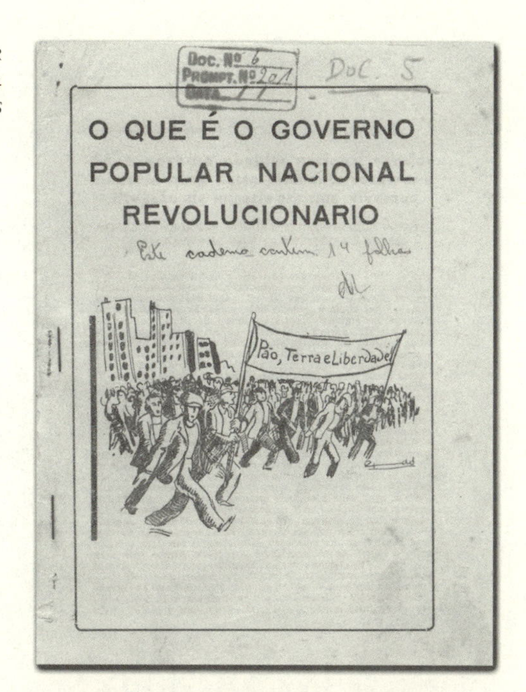

35 *Liberte-se para defender-se dos males*, manual da Sociedade Brasileira de Assistência Médico-Jurídica, s./d. *Pront. nº 482*, doc. 6, fl. 6. DEOPS/SP.

Lietuvos Taryby
Socialistinés Respublikos
KONSTITUCIJA

(PAGRINDINIS ĮSTATYMAS)

MONTEVIDEO
1940 Metai

36 *Lietuvos Taryby Socialistinés Respublikos Konstitucija*. Montevideo, Metal, 1940. Exemplar apreendido de Jeronymo Bubenas ou Gerasinas Dugniskis. *Pront.* Nº 65. DEOPS/SP. AESP.

cia de Jeronymo Bubenas ou Gerasinas Dugniskis foram confiscados cerca de 17 títulos diferentes entre livros e folhetos, concentrando-se os temas sobre a história do Brasil e da Lituânia, revolução proletária e Segunda Guerra Mundial. A listagem registrada no termo de declarações de Paulina Cernaukas traz uma verdadeira miscelânea de assuntos, demonstrando que a polícia agia muito mais pela intuição do que por conhecimento de causa. Por exemplo, ao lado da *História da Economia Política do Brasil*, *História da Filosofia*, *Agente Presidencial*, *Os Católicos Contra os Fascistas*, encontramos arroladas as seguintes obras (sem identificação de autores): *Mulheres e a Guerra*, *A Nossa Ajuda à Nação Lituana na II Guerra Mundial*, *Relatório do Subcomitê Russo em São Paulo de Socorro às Vítimas da Guerra* (1944) e dois álbuns de poesias em russo e lituano[15].

Muitas vezes nos deparamos com certos títulos que nos atraem muito mais pelo seu caráter exótico do que por sua essência marxista. Em 1952, por exemplo, foram apreendidos na sede da União dos Trabalhadores Gráficos, dois contos cuja devolução o proprietário sequer exigia: *No Reino dos Papagaios* e *O Cavalo do Chichilo*"[16]. Este ato de apreensão ganha um certo humor em decorrência dos seus títulos, um tanto curiosos. Ao ser interrogado, o gráfico Carmo Pedro Rega declarou que tais contos lhes haviam sido confiados por um tal de Carlos Gomes, autor de *O Cavalo de Chichilo* e *No Reino dos Papagaios*. Este último se encontrava manuscrito em três folhas de papel e deveria ser impresso na redação do *Trabalhador Gráfico*[17].

15. *Termo de Declarações de Paulina Cernaukas*. São Paulo, 1948. *Pront. nº 65, Jeronymo Bubenas*. DEOPS/SP. AESP.
16. *Auto de Apreensão e Exibição. Pront. nº 577, União dos Trabalhadores Gráficos*. DEOPS/SP. AESP.
17. *Termo de Declarações de Carmo Pedro Beja*. São Paulo, 12 de maio de 1952. *Pront. nº 577, União dos Trabalhadores Gráficos*. DEOPS/SP. AESP

A Caça às Bruxas

Ser autor de livros e revistas no Brasil sempre foi um elemento complicador, segundo os valores norteadores da ação policial. Aristides da Silveira Lobo, por exemplo, teve este item preenchido por um dos encarregados do "Serviço Secreto", que reconstituiu seu passado político em busca de provas comprometedoras. Lobo, além de ser um dos mais antigos militantes do PCB, onde atuava desde 1925, havia pertencido à União dos Trabalhadores Gráficos. Segundo o encarregado da investigação, Aristides Lobo havia sido expulso do Partido por ser simpático às idéias trotskistas, incidente que não o impediu de continuar sendo sócio da Liga Internacional Comunista[1].

Orlando Ferreira é mais um nome dentre tantos outros intelectuais acusados de comunismo. Como autor do livro *Pântano Sagrado*, Ferreira teve grande parte da edição apreendida no Triângulo Mineiro, sendo processado em 1951 em virtude desta publicação[2].

Os intelectuais estavam entre os grupos mais visados pelos homens do DEOPS, que procuravam sempre estar atualizados acerca da especialidade temática de cada um. Ser estrangeiro ou brasileiro não oferecia crédito a ninguém e, muito menos, ser escritor. Como nos tempos modernos, o homem

1. *Informe sobre Aristides Lobo pelo "SS" do Gabinete de Investigações*. São Paulo, 22 de junho de 1948. *Pront. nº 37, Aristides Lobo*, vol. 1. DEOPS/SP. AESP.
2. *Relatório sobre as Atividades Comunistas no Triângulo Mineiro pelo "SS"*. Gabinete de Investigações. *Pront. nº 111032, Gilberto Gil*. DEOPS/SP. AESP.

estava proibido de pensar diferente. Domingos Ambrósio, italiano, teve a expulsão decretada em virtude da sua atuação como "revolucionário", título que lhe foi atribuído por ser autor do livro *Le Barbarie del Brasile*, publicado na Argentina[3].

Os livros de alguns escritores brasileiros, como Monteiro Lobato e Jorge Amado, sempre foram visados pelos DEOPS em diferentes etapas da repressão à cultura. Possuir *Vida de Luís Carlos Prestes, O Cavaleiro da Esperança*, de autoria de Jorge Amado, era o mesmo que declarar-se comunista, revolucionário. Nas várias listas de livros apreendidos organizadas pelo Serviço de Investigação identificamos esta referência dispensando qualquer comentário. Em 1947, por exemplo, esta obra foi encontrada na residência de Magdalena L. Valentas, juntamente com livros de canções revolucionárias lituanas, assim como na biblioteca sediciosa de Jeronymo Bubenas e na Célula Colômbia do Partido Comunista no município de Barretos (SP)[4].

Durante uma conferência em homenagem a Luís Carlos Prestes, em 1947, no Club Ginástico Paulista, na qual tomaram parte vários elementos do então extinto PCB, trechos daquele livro de Jorge Amado foram lidos em voz alta pelos organizadores, além do poema "Noite de Natal", pela passagem desta festa tradicional. Presentes no local estavam os investigadores do "Serviço Secreto" que, atentos aos detalhes, registraram o ocorrido em seu relatório de serviço[5].

Tudo que estivesse relacionado à vida e às idéias de Luís Carlos Prestes comprometia de imediato: guardar fotografias impressas de Prestes, uma notícia de jornal sobre a sua prisão ou, então, possuir um livro de autoria de Jorge Amado. Durante as buscas empreendidas pela polícia regional à sede do Partido Comunista em Ribeirão Preto, foram confiscados 70 exemplares da obra *Jorge Amado. Homens e Couzas do Partido Comunista*[6].

Relações de amizade ou a simples posse de um livro de autoria do escritor baiano comprometia ideologicamente qualquer cidadão, como aconte-

3. *Informe sobre Domingos D'Ambrósio*. Gabinete de Investigações. São Paulo, 16 de abril de 1946. *Pront. nº 435, Italianos*. DEOPS/SP. AESP.
4. *Auto de Apreensão*. Gabinete de Investigação. São Paulo, 17 de setembro de 1947. *Pront. nº 65, Jeronymo Bubenas*. DEOPS/SP. AESP.
5. *Relatório sobre a Quinzena Festiva de Prestes*. São Paulo, 29 de dezembro de 1947. *Pront. nº 58786, Agildo Gama Barata Ribeiro*. DEOPS/SP. AESP
6. *Auto de Apreensão*. Gabinete de Investigação. Ribeirão Preto, 17 de setembro de 1947. *Pront. nº 548, Delegacia Regional da Polícia de Ribeirão Preto*. DEOPS/SP. AESP.

ceu com Hersch Schechter (casado com Felícia Itkis). Este, além de ter comprado vários livros comunistas, tinha em seu poder uma coletânea de obras em castelhano com as dedicatórias de vários autores a Jorge Amado que, por ser seu amigo, havia lhe confiado a guarda daqueles em Montevidéu. Hersch Schechter foi acusado de ser um dos redatores de *A Classe Operária* e de possuir uma vasta literatura comunista, marxista e stalinista[7].

Os livros de Jorge Amado não estavam sozinhos na lista dos procurados. *Zé Brasil*, de autoria de Monteiro Lobato, publicado pela Editora Vitória em 1947, foi também classificado como perigoso à segurança nacional. Quaquer comunista que mantivesse este livro em sua biblioteca corria o risco de ser rotulado de "subversivo". Tanto é que, em 23 de junho de 1949, a Delegacia Regional de Polícia de Barretos (SP) apreendeu na residência de João Rojo cerca de 254 exemplares de um boletim impresso com os seguintes dizeres: "*Zé Brasil (Adaptação em Versos do Livro de Monteiro Lobato)*". Na ficha de qualificação do indiciado a identificação do crime político: *comunismo*[8] (*Il. 38*).

Os versos cantavam a história de vida de Zé Brasil, um caboclo da roça cuja casa era pior que "toca de bicho". Tratado como lixo, só podia contar com "um banco de sentá e sete parmo de terra pra um dia espichá". Nem santo ajudava mais o Zé Brasil, homem da laboura, pouco apegado aos livros. Aliás, livro mesmo só possuía um "o armanaque [*sic*] do Fontoura".

Nesta adaptação de *Zé Brasil* (*Il. 37*) a crítica social foi construída em torno do tema da fome, da miséria e das doenças que atacavam o caboclo, homem sofrido que trabalhava na terra do patrão de sol a sol. Nos versos adaptados, Lobato foi apresentado como amigo desse caboclo, relação que lhe valera o apelido de louco. Louco? Mas, por que louco? Por se dispor a defender o nosso *Jeca Tatu* e a atacar os grileiros acusando-os de manter o povo escravizado. Este discurso, segundo as autoridades, era pura pregação comunista. Aliás, uma das preocupações dos órgãos repressivos era de houvesse uma revolução no campo, considerando-se que os adeptos do comunismo estavam se infiltrando pelas fazendas "trazendo a desorganização do trabalho".

Em 1935, a população da cidade de Chavantes (SP) encaminhou um abaixo-assinado ao Secretário da Segurança Pública de São Paulo alertando para

7. *Termo de Declarações de Hersch Schechter a Antonio Ribeiro de Andrade, Delegado-chefe da Sessão de Expulsandos*. São Paulo, 16 de fevereiro de 1949. *Pront. nº 73, Felícia Itkis*. DEOPS/SP. AESP.

8. *Primeiro e Segundo Capítulos de Zé Brasil (Adaptação em Versos do Livro de Monteiro Lobato). Pront. nº 547, Delegacia Regional de Polícia de Barretos*, vol. 2. DEOPS/SP. AESP.

37 Livreto *Zé Brasil*, de Monteiro Lobato. Rio de Janeiro, Editora Vitória, 1947, 4 fls. *Pront. nº 6575, Jose Bento Monteiro Lobato.* DEOPS/SP. AESP.

ZÉ BRASIL

(Adaptação em versos do livro de Monteiro Lobato)

CAPITULO PRIMEIRO

VÔ CONTÁ A MINHA VIDA
PRA QUEM QUIZÊ OUVÍ.
SÓ CABOCRO CÁ DA ROÇA
I ME CHAMO ZÉ BRASI.

MINHA CASA É UM CAS'EBRE,
PIÓ QUE TOCA DE BICHO
OS TATUÍRA ME TRATA
MÊMO IGUÁ SE FOSSE LIXO.

AS MOBIA QUE POSSUO
É UM BANCO DE SENTÁ,
MAI SETE PARMO DE TERRA
PRA UM DIA EU ME ESPICHÁ.

A ESPINGARDA NÉGA FÔGO,
MEU SANTINHO NUM AJUDA
PÓTE DÁGUA TÁ QUEBRADO
VIRGE MÃE, DEUS NOS ACUDA,

QUANDO DEITO NA ESTÊRA
FABRICADA DE TABÚA,
PELOS FURO LÁ DO FÔRRO
VEJO INTÉ RÁIO DE LUA.

EU SÓ HOME CÁ DA ROÇA,
PASSO A VIDA NA LAVÔRA,
EIS PRUQUÊ TENHO UM SÓ LIVRO,
O ARMANAQUE DO FONTÔRA.

NESSE LIVRO LEIO A VIDA,
DE UM IRMÃO NO PADECÊ,
CRIAÇÃO DO TAR LOBATO
QUI ACABA DE MORRÊ.

ESSE HOME, O LOBATO,
FOI AMIGO DOS CABROCO,
I PUR ISSO OS TATUÍRA
TÉ DIZIAM QUE ERA LÔCO.

TÉ DIZIAM QUE ERA LÔCO
PRUQUÊ SEMPRE ÊLE ATACAVA
OS GRILÊRO MARDIÇOADO
QUE MANTEM A GENTE ESCRAVA.

JECA TATU É UM HÔME
QUE VANCÊIS TUDO CONHECÊ,
NUM SE PODE NEM CONTÁ
AS DOENÇA QUE PADECE.

VÔ MOSTRÁ QUE NOSSA VIDA
SE PARECE CO'A DO JECA,
TÉ QUE UM DIA NESTE MUNDO
TATUÍRA LEVE A BRECA.

CAPITULO SEGUNDO

INDA QUANDO É DE MADRUGADA
JÁ LEVANTO PRO TRABÁIO,
NEM BEM VIRO O CAFÉZINHO
I PRO EITO JÁ ME SÁIO.

A FARINHA É UMA LUXURA
QU'EU NUM TENHO PRA COMÊ,
O ESTÔMO QUE SE APERTE
I SE PONHA A REMEXÊ.

A MUIÉ MANDA O ARMOÇO
MAI O DIANHO UM AJUDA,
SÓ FEJÃO, ARRÔIS, TORRESMO
NUM MATA FOME GRAÚDA.

MEIO-DIA: UM CAFÉZINHO
PRO ESTÔMO REFAZÊ,
DISPOI GARRO NA INXADA
INTÉ O DIA ESCURECÊ.

TERRA BRAVA, TERRA BRAVA,
DESEPERO DO CABOCRO
CRESCE O MATO, CRESCE O MATO,
VAI DEXANO A GENTE LÔCO.

PRANTAÇÃO É IGUAR DONZELA,
NECESSITA DE CUIDADO,
UM PÔQUINHO DE DESCUIDO
I JÁ MUDA O SEU ESTADO.

ISSO TUDO, MINHA GENTE,
ISSO TUDO NUM É NADA.
O PIÓ SÃO AS FORMIGA,
— ESSA PESTE MARDIÇOADA.

Apreendidos 254

38 Folheto *Zé Brasil*, adaptação do livro de Monteiro Lobato com o mesmo título. Apreendidos 254 exemplares pela Delegacia Regional de Barretos. *Pront.* nº 547, 2º vol. DEOPS/SP. AESP. Folheto completo.

ANTES QUE SE ACABE CO'ELAS,
ELAS COME TUDA ROÇA.
POI FALÁ DE FRUMICIDA
NUM É MAI DO QUE UMA TROÇA.

AS LATA DE FRUMICIDA
TÁ PELA HORA DA MORTE.
FORMIGUÊRO É PODEROSO,
FORMIGUÊRO É MÊMO FORTE.

QUANO ACABO CO'AS FORMIGA
QUE VÉVE LÁ NO PASTINHO
UMA LEVA DAS BANDIDA
VEM DO PASTO DO VIZINHO.

CAPITULO TERCEIRO

DEPUTADO, ADEVOGADO,
— OS DOTÔ LÁ DA CIDADE,
QUANO VEM AQUI PRÁ ROÇA
FICAM CEGO NA VERDADE.

ELES DIZ QUE NÓIS CABOCRO
SEMO TUDO PERGUIÇOSO.
QUANO A CARA O QUE DEMONSTRA
É QUE SEMO MALEITOSO.

AS MESINHA I OS DOTÔ
SÃO SOMENTE PROS TATUÍRA,
BENZEDURA QUE É O REMEDIO
EXISTENTE PROS CAIPIRA.

CADÊ JEITO, CADÊ JEITO?
Í SOFRENO SEM GEMIDO?
Í DOENTE LÁ PRA ROÇA
TÉ UM DIA SÊ VENCIDO?

MORRÊ IGUAR OS CAVALO
QUANO AFRÔXA DE CANSÊRA?
DESFALECÊ AMARELO
DERREADO NUMA ESTÊRA?

Í DISPOI SEM TÊ NEM REDE.
Í SEGURO POR CIPÓ?
CO'AS MÃO CRUZADA NO PEITO
SÊ ENTERRADO NO PÔ?

DIZ O PADRE QUE OS ESPRITO
VÉVE NO MUNDO DE LÁ,
QUE POR ISSO NÓIS SE DÊVE
C'OS TATUÍRA CONFORMÁ.

NUM CREDITO NESSA HISTÓRIA
QUE OS PADRE VÉVE A CONTÁ.
ACUNTECE NO OTRO MUNDO
COMO LÁ NO TAQUARÁ.

CAPITULO QUARTO

O CORONÉ TATUÍRA
DA FAZENDA TAQUARÁ,
ME ARRENDÔ ARGUMA TERRA
PRA MÓR DE MIM TRABAIÁ.

CONSTRUÍ MINHA CASINHA,
DERRUBANO TUDO O MATO,
TRAVESSEI FOME E MISÉRIA
SÓ POR CAUSA DO CONTRATO.

MEIA A MEIA, FOI A REGRA
QUE O CORONÉ COMBINÔ,
MEIA QUÊ! MAI DA METADÊ,
REGADA POR MEU SUÔ.

O TATUÍRA DEU TERRA,
TERRA SÓMENTE I MAI NADA,
NUM DEU UMA SÓ FOICE
I NUM DEU NENHUMA ENXADA.

QUANO O SEZÃO ME ATACÔ
NEM MEMO UM VIDRO DE QUINA,
PRA ME ALIVIÁ DA TREMURA.
NUM RECEBÍ DO SOVINA

UMA VEIZ, QUANTO ME LEMBRO,
A COLHÊTA FOI DAS BÔA,
EU FIQUEI TÉ SASTIFEITO,
ME SENTÍ ÔTRA PESSOA.

SERÁ QUE AGORA EU PODIA
MIORÁ DE SITUAÇÃO?
INTÉ SENTÍ CÁ NO PEITO
ESTALÁ MEU CORAÇÃO.

MAI UM DIA, O TATUÍRA,
VÊIO DE RÊIO NAS MÃO,
I FICÔ OIANO A ROÇA
CUM CARA DE ASSOMBRAÇÃO.

NOTRO DIA DE MADRUGADA
PARECEU A JAGUNÇADA,
ME ATIRARO PRO CAMINHO
CUM DOIS SOCO I UMA FACADA.

A COLHÊTA QUE ERA MINHA
FICÔ SÓ PRO TATUÍRA.
I NA CASA QUE EU ERGUERA
FOI MORÁ O CHICO VIRA.

OS QUE FALA NESTA VIDA
QUE TEM LEI QUE AJUDA A GENTE.
É QUE NUM FOI "AGREGADO"
SENÃO FICAVA DESCRENTE.

LEI NA VIDA É O CHANFALHO
QUE O CORONÉ TRÁIS NA MÃO.
CAMPONÊIS SÓ TÁ SEGURO
QUANO FAIZ A SUA UNIÃO.

CAPITULO QUINTO

MEU SONHO, MEU GRANDE SONHO,
É TÊ TERRA PRA PRANTÁ.
UNS ARQUÊRE ARRANJADINHO
ONDE POSSA ME VIRÁ.

FAZIA UMA CASA BOA
PRO MEUS FÍO I PRA MUIÉ,
NUM PERCISAVA TEMÊ
O RÊIO DO CORONÉ.

IGUÁ O AMIGO GIUSEPPE.
EU FARIA UM JARDINZINHO.
INTÉ PRANTAVA UMA HORTA
COMO FEIZ O MEU PADRINHO

QUANO A COLHÊTA FICASSE
UM GÔSTO DA GENTE VÊ,
MÁU OLHADO DE TATUÍRA
NUM IRIA ME PERDÊ.

A INJUSTIÇA DÊSSE MUNDO
INDA TEM QUE SE ACABÁ.
OS CORONÉ TEM A TERRA,
NÓIS NEM CASA PRA MORÁ.

AS TERRAS DO TATUÍRA
VIÉRO DO SEU AVÔ,
I OS HERDÊRO DO BANDIDO
VÃO BEBÊ NOSSO SUÔ.

CHEGA DISSO, TÔ CANSADO,
MEU FÍO HÁ DE CRESCÊ
LIBERTO DA CAPANGADA
QUE NÃO ME DÊXA VIVÊ.

ESSA VIDA DE RENDÊRO
NUM MAI PODE CONTINUÁ,
CORONÉ NUM PRANTA NADA,
SÓ PERCURA ISCRAVIZÁ.

CAPITULO SEXTO

IM VEIZ DE HAVÊ UM SÓ RICO,
QUE EXISTA CEM ARRANJADO.
DIVIDAMO O TAQUARÁ
PRA O BEM DOS AGREGADO

FICAREMO INTÃO SEGURO,
VIVEREMO INTÃO CONTENTE,
VENO OS FÍO GARANTIDO,
GARANTIDO PARA SEMPRE.

CUIDAREMO DAS DOENÇA,
NOSSOS FÍO SERÃO LIDO,
NUM HAVERÁ MAI CADEIA,
NEM SEREMO PERSIGUIDO.

ANDA UM HÔME POR AÍ
QUE SE CHAMA CARLOS PRESTE,
DO NORTE AO SUL É FALADO,
I TAMEM DE LESTE A OESTE.

ESSE HOME CORAJOSO
É IRMÃO DOS CAMPONÊIS,
POR AMÔ DE NOSSA GENTE
VÉVE FUGIDO DAS LEIS.

4

NOVE ANO NA CADEIA
PASSÔ ÊLE SUPRICIADO,
POR LUTÁ CONTRA INJUSTIÇA
QUE PADECE OS AGREGADO

ELE QUÉ QUE OS TAQUARÁ
SEJA UM DIA DISTRIBUIDO
ENTRE TUDOS CAMPONÊIS
ENTRE TUDOS OPRIMIDO

ELE QUÉ QUE ESSAS TERRA
SÓ PRO POVO É PERTENÇA,
DIZ QUE O POVO ORGANIZAD
CORONÉ NUM TEM QUE VENÇA

SE OS CORONÉ TEM POLICIA,
OS CAMPONÊIS TEM UNIÃO.
A POLICIA É CUMO UM RATO.
O POVO UNIDO É LEÃO.

O BRASÍ TEM MUITA TERRA,
MUITO POVO SEM ABRIGO
OS TATUIRA DOMINA.
PRUQUÊ ESTAMOS DESUNID

MUITAS LUTAS É PERCISO
PR'ESSE SONHO CONQUISTÁ,
OS TATUÍRA TEM MEDO
DO POVO SE ALEVANTÁ.

A POLICIA, OS CAPANGA
VÉVE SEMPRE A GUERREÁ,
ATACANDO OS QUE LUTAM
PRA MISÉRIA SE ACABÁ.

OS CORONÉ QUE DESEJA
É TÊ AS TERRA NA MÃO.
ENQUANTO QUE OS CAMPONÊIS
MORRE DE FOME E SEZÃO

O MUNDO NUM É DESSA GENTE,
NÓIS QUEREMO UMA MUDANÇA,
ENQUANTO PASSAMO FOME
OS CORONÉ ENCHE A PANÇA.

OS MIÃO DE CAMPONÊIS
SÃO MAI FORTE QUE OS TATUIRA.
SE ELES INDA MANDA IM NÓIS
É POR CAUSA DAS MENTIRA.

FALAM MAL DE CARLOS PRESTE
SÓ DE MEDO DA VERDADE,
PRESTES ANDA PERSEGUIDO
POR AMÔ DA HUMANIDADE.

CAMPONÊIS QUANO É SABIDO
DESCONFIA DOS JORNÁ,
QUE DEFENDE OS TATUÍRA
I SÓ FAIZ É INGANÁ.

OS JORNÁ DE CARLOS PRESTE,
OS JORNÁ DOS COMUNISTA,
É QUE MOSTRA CRARO AS COISAS
I ATACA OS EGOISTA.

CAMPONÊIS NUM TEM A TERRA,
CAMPONÊIS NUM TEM É NADA.
EIS PRUQUÊ SEGUEM A PRESTE
CUMO FORÇA ORGANIZADA.

PRESTES! PRESTES! TUDOS GRITEM
CONSTRUÍNO NOSSA UNIÃO
TOMAREMO TODA TERRA
I FAREMO A DIVISÃO!

alguns fatos "da maior gravidade possível" e que estavam reclamando providências das autroidades encarregadas da segurança pública. Denunciavam a existência naquela cidade de um núcleo da Aliança Nacional Libertadora, cujos adeptos estavam fazenda uma propaganda "tenaz, violenta e audaciosa, no seio das colônias agrícolas, como a que se contém no boletim que anexamos"[9].

Segundo o Padre Sales Brasil – ardoroso crítico das obras de Lobato, como veremos a seguir – o livro *Zé Brasil* propunha para o país uma solução favorável à Rússia e inteiramente desfavorável à subsistência da brasilidade. Através de uma explicação dada por Lobato sobre Luís Carlos Prestes, o religioso tentou demonstrar que o autor de *Zé Brasil* defendia a implantação das diretrizes propostas pelo "ex-camarada José Stálin", divulgando para os comunistas do mundo inteiro:

> [...] de pôr em guarda a classe operária e as massas exploradas do campo, de levar a sua capacidade de luta e desenvolver a sua agilidade de mobilização para a luta contra os capitalistas da cidade e do campo, para a luta contra os inimigos de classe que oferecem resistência[10].

O diálogo transcrito pelo Padre Sales nada mais é do que uma montagem de vários fragmentos extraídos de diferentes páginas do *Zé Brasil*, tentanto (re)construir a imagem de Prestes, comunista. Na versão original um pároco dialoga com o pobre trabalhador tentando-o convencer de que a Justiça existe. Para Zé, lei é coisa para ricos, enquanto que para os pobres, a lei é cadeia e, se resmungar um pouquinho, é o chanfalho. O pároco explica-lhe que a esperança era Luís Carlos Prestes, que também já havia sido condenado por aquela "lei dos ricos" e que prometia justiça para todos aqueles que não possuíam terras próprias. Mas, na opinião do Padre Sales, a sabedoria de Lobato estava em traduzir todas estas idéias para a linguagem infantil, prejudicando a formação do caráter "desses inocentes que terão de ser, amanhã, os homens do Brasil"[11].

9. *Abaixo-assinado da população de Chavantes, representada por Julio Francisco P. da Silva, prefeito e fazendeiro.* Xavantes, 9 de junho de 1935. *Pront. nº 340. Delegacia Regional de Polícia de Xavantes.* DEOPS/SP. AESP.
10. S. Brasil (Pe.), *A Literatura Infantil de Monteiro Lobato ou Comunismo para Crianças*, Bahia, Aguiar & Souza Ltda; Livraria Progresso Editora, Francisco Pinheiro, censor *ad hoc*, Imprimatur, 1957.
11. *Idem*, p. 3.

Comunismo para Crianças

Um dos casos mais curiosos e fantásticos de censura diz respeito às obras infantis de Monteiro Lobato, dentre as quais destacamos *Peter Pan. A História do Menino Que Não Queria Crescer, Contada por Dona Benta*[1] (*Il.* 39). Este (em edição de 1938) foi procurado nos anos 40 por todo o Estado de São Paulo a pedido do Tribunal de Segurança Nacional. Através da queixa de nº 4. 180, o procurador Dr. Clóvis Kruel de Morais emitiu seu parecer sobre aquele livro infantil que, ao seu ver, não era nada inocente.

Na sua promoção datada de 20 de junho de 1941, o Dr. Kruel argumentava junto ao Presidente do Tribunal de Segurança Nacional a razão de se levar adiante a "caça a Peter Pan". Na opinião do procurador, Monteiro Lobato alimentava nos espíritos infantis, "injustificavelmente", um sentimento errôneo quanto ao governo do país. Citando páginas e fragmentos do referido livro, Kruel via um confronto premeditado na parte que se referia às diferenças de vida entre crianças da Inglaterra e as do Brasil. Considerava o texto perigoso, pois este incutia às crianças brasileiras "a nossa inferioridade, desde o ambiente em que são colocadas até os mimos que se lhe dão"[2].

1. M. Lobato, *Peter Pan. A História do Menino Que Não Queria Crescer, Contada por Dona Benta*. São Paulo, Companhia Editora Nacional, 1938.
2. *Cópia Autêntica da Promoção Proferida na Queixa nº 4.188 pelo Procurador Dr. Clóvis Kruel de Morais*. Rio de Janeiro, 20 de junho de 1941. *Pront. nº 6575, José Bento Monteiro Lobato*. DEOPS/SP. AESP.

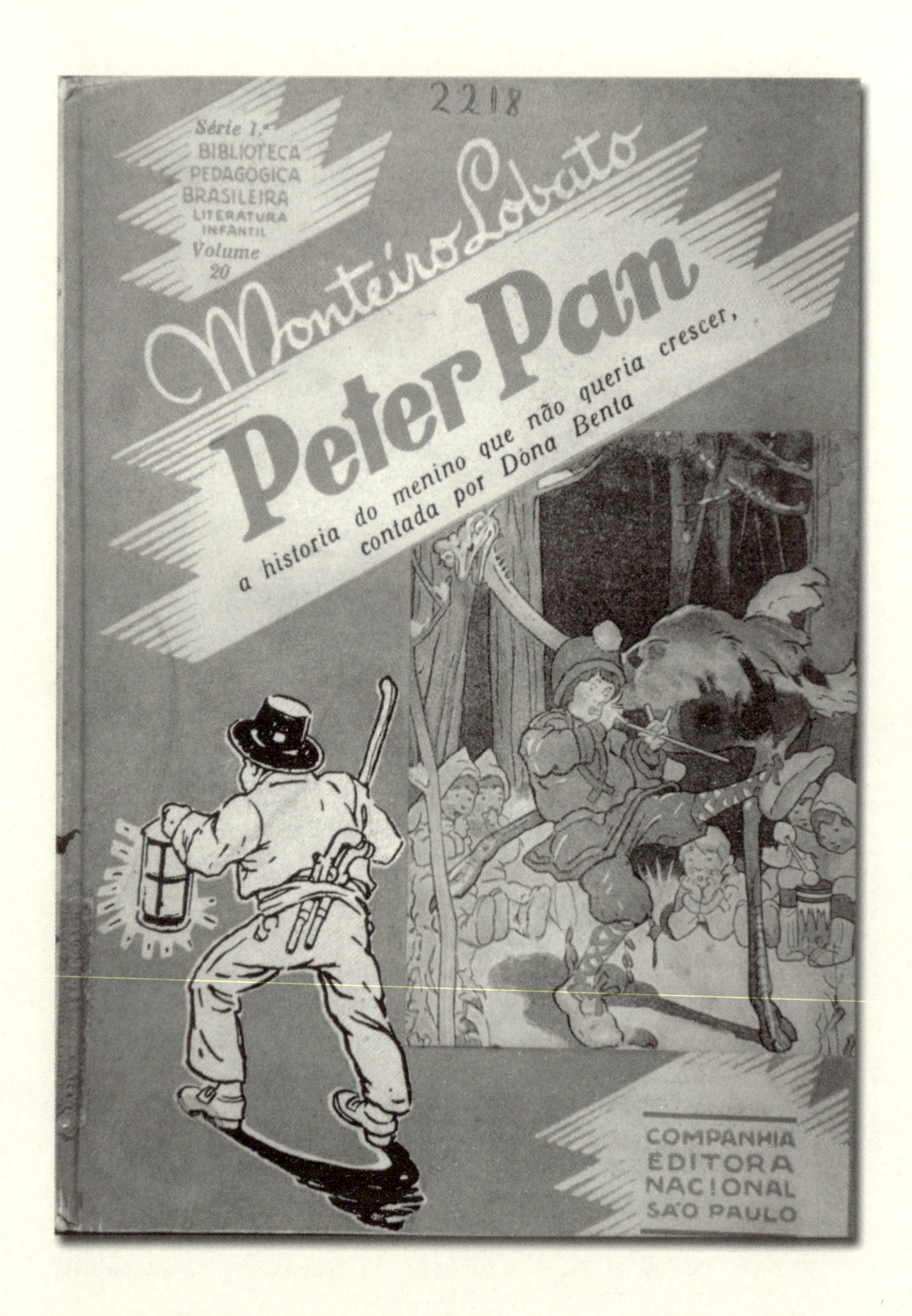

39 *Peter Pan*, de Monteiro Lobato. São Paulo, Editora Nacional, 1938. Cf. *Pront. nº 6575, Jose Bento Monteiro Lobato.* DEOPS/SP. AESP. *Acervo Projeto Monteiro Lobato/Emporium Brasilis* (São Paulo/SP).

Na opinião de Kruel, Lobato agiu "insidiosamente" ao explicar o motivo daquela desigualdade. Como fez isso? Criticando o governo ao ministrar às crianças uma definição de como se arrecadavam os impostos no país e de como estes eram aplicados:

> Por causa dos impostos, meu filho. Há no Brasil uma peste chamada governo que vai botando impostos e selos em todas as coisas que vêm de fora, a torto e a direito, só pela ganância de arrancar dinheiro do povo para encher a barriga dos parasitas[3].

A comparação da vida da criança brasileira com a da criança inglesa emerge na fala da boneca Emília, curiosa em saber como era o quarto das crianças na Inglaterra. Segundo a narrativa de Lobato, eram diferentes a começar pelo nome (*nursery*), móveis especiais, brinquedos e pinturas engraçadas pelas paredes. Segundo a vovó Benta, quarto de criança brasileira "é quarto qualquer e por isso não tem nome especial".

Durante o diálogo com a sua avó, a boneca Emília pergunta se havia "boi de xuxu" entre os brinquedos ingleses, diversão comum nas cidades do interior do Brasil onde as crianças são obrigadas a improvisar brinquedos confeccionados com sabugos de milho, retalhos de panos, caixinhas de fósforos e botões de roupas velhas. Uma das frases que comprometia o escritor de Taubaté foi aquela que se referia ao "boi de xuxu" que, segundo Kruel, tecia críticas à economia nacional:

> [...] boi de xuxu é brinquedo de meninos da roça e Londres é uma grande cidade, a maior no mundo. As crianças inglesas são muito mimadas e têm brinquedos que querem, porque na Inglaterra os brinquedos não custam os olhos da cara, como aqui. E que bons e bonitos são![4]

A esta crítica somaram-se outras emitidas por Tupy Caldas que, sob a epígrafe "Pontos de Vista", classificou as obras de Lobato em grupos distintos:

- *História do mundo para crianças*: onde domina o espírito materialista;
- *Histórias de Emília:* onde domina um espírito de troça das coisas sérias, além do mesmo sentimento materialista, que traz à tona "as convicções íntimas do autor".

3. *Idem*, p. 3.
4. *Idem, ibidem.*

O documento conclui sobre o grande mal causado às crianças expostas a essas "doutrinas perigosas e a práticas deformadoras do caráter". Exaltando a orientação patriótica do projeto político estado-novista, foi decretada a "caça" aos livros do escritor criador da personagem *Jeca Tatu*, capazes de desvirtuar o programa de Educação, mostrando-se perigoso à nacionalidade brasileira[5].

O procurador, ao apontar para a essência do crime, conclui que todo o mal estava, justamente, na liberdade excessiva dada aos escritores, quando o livro era o mais forte veículo de comunicação. Cobrava-se, naquele momento, o sentimento de hierarquia e de autoridade; o respeito subconsciente da lei diante da existência do presente livro com edições renovadas.

As iniciativas do Tribunal de Segurança Nacional apresentavam-se como parte do projeto político do Estado Novo voltado para a formação de uma juventude patriótica, continuadora da tradição cristã, unificadora da Pátria. Vargas, consciente do papel representado pelos livros, sustentava como princípio o fato de que todo intelectual e seus escritos eram perigosos:

> Todo e qualquer escrito capaz de desvirtuar esse programa é perigoso para o futuro da nacionalidade. O nosso mal até aqui foi justamente dar liberdade excessiva aos escritores, quando é o livro o mais forte veículo de educação[6].

Com base na orientação dada pelo Tribunal da Segurança Nacional, o DEOPS paulista deu início à busca de *Peter Pan*. A partir de 1941 empreendeu-se um verdadeiro rastreamento por todo o Estado de São Paulo em busca dos exemplares adotados em escolas e bibliotecas públicas e particulares. A acusação incidia sobre a evidência de que seu autor era comunista, além do conteúdo sedicioso de suas obras[7].

Ofícios e telegramas foram enviados às delegacias regionais do interior instruindo-as para a busca e apreensão de *Peter Pan*. O mesmo se deu com

5. Sobre este tema ver M. M. de Rezende; V. Sacchetta, "Procura-se Peter Pan...", em *Minorias Silenciadas. História da Censura no Brasil*, São Paulo, Edusp/Fapesp, 2002; M. M. de Rezende; V. Sacchetta, *Monteiro Lobato: Furacão na Botucúndia*, São Paulo, Editora Senac, 1997.
6. *Idem, ibidem.*
7. *Auto de Exibição e Apreensão de 14 exemplares do livro Peter Pan de Monteiro Lobato.* Delegacia Regional de Polícia de Santos. Santos, 10 de julho de 1941. *Pront. nº 6575, José Bento Monteiro Lobato.* DEOPS/SP. AESP.

relação à Secretaria de Educação do Estado, que deveria informar o Superintendente de Segurança Política e Social se a Diretoria do Ensino havia adotado o referido livro para as bibliotecas escolares. A ordem fundamentava-se na premissa de que as atividades literárias infantis de Lobato atentavam contra a defesa nacional, predispondo a mentalidade das crianças "a doutrinas perigosas e práticas deformadoras do caráter"[8].

As respostas não demoraram a chegar. As delegacias de Itapetininga, Casa Branca e Sorocaba, informaram que "não encontraram nenhum exemplar". Em Araraquara foi apreendida apenas uma publicação, enquanto que em São José do Rio Preto localizaram quatro exemplares, sendo dois na Livraria Elite e outros dois na Livraria Cal. A Delegacia Regional de Santos comunicou em 10 de julho de 1941 que apreendera um total de 14 exemplares nos seguintes estabelecimentos comerciais: Editora Minerva (7), Casa Vermelha (4), Livraria Paris (1) e no Estabelecimento de D. Clarice Couto (1)[9].

A polícia não estava sozinha nesta luta contra o comunismo. O literato Monteiro Lobato teve o privilégio, assim como Gilberto Freyre nos anos 30, de ouvir severas críticas da intelectualidade católica, que não ocultou seu olhar censor às obras do criador da pernóstica Emília, D. Benta, Tia Anastácia, Narizinho e Pedrinho, deliciosas personagens que encantaram o imaginário fantástico das crianças brasileiras de Norte a Sul.

Com muita tradição, a Igreja Católica, através do Padre Sales Brasil, manifestou-se sobre a literatura infantil de Lobato. O religioso, se de um lado procurou denegrir os escritos lobatianos como um "errado" na literatura infantil, por outro reforçou a imagem estereotipada do comunismo, apresentado pelos grupos de exterma-direita como um monstro desintegrador da moral cristã e da família brasileira (*Il. 40*).

Elogiado por Aloysio Short, secretário da Educação do Estado da Bahia, o Padre Sales Brasil foi enaltecido "por seus princípios sadios da Educação Cristã e pela luta pela preservação das tradições culturais e católicas do nosso povo". Como autor de inúmeros livros de exaltação aos dogmas da Igreja Católica e de teor anticomunista, o Padre Sales Brasil publicou em 1957, na Bahia, *A Literatura Infantil de Monteiro Lobato ou Comunismo para Crianças*, tema desenvolvido a partir de uma conferência pronunciada na Associação

8. Queixa nº 4168, p. 5. *Pront. nº 6575, José Bento Monteiro Lobato*. DEOPS/SP. AESP.
9. *Idem, ibidem.*

40 *A Literatura infantil de Monteiro Lobato ou Comunismo para Crianças*. Um libelo contra a literatura infantil de Monteiro Lobato. Livro de propaganda anticomunista de autoria do Padre Sales Brasil publicado em 1957. Coleção Tucci.

dos Funcionários Públicos da Cidade de Salvador no ano anterior. Analisando os vários livros de Lobato, o padre da Bahia tentou mostrar que o escritor pregava o comunismo russo como salvação para o povo brasileiro. A idéia central estava em demonstrar que a chamada filosofia esquerdista não havia sido um simples episódio na vida de Lobato. Ao contratário, constituía o cerne de todo o crescimento literário do "disfarçado autor de Urupês".

A literatura de Lobato foi classificada de "perniciosa", desenvolvendo, segundo o Padre Brasil, "numa dosagem psicológica verdadeiramente assombrosa, todo o programa teórico e prático da revolução comunista, desde a negação de Deus, até os mínimos detalhes do convívio doméstico e social"[10].

O programa comunista foi identificado através de uma série de negações que emergem da literatura lobatiana destinada às crianças e aos adultos, tais como:

- da negação de uma causa superior à matéria;
- da negação da divindade de Cristo e da existência de Deus;
- da negação da superioridade do cristianismo;
- da negação da espiritualidade da alma e da existência de outros espíritos;
- da negação da verdade lógica, ontológica e da certeza absoluta;
- da negação da imoralidade da mentira e da força do Direito;
- da negação da moralidade do pudor e negação do impudor das obscenidades;
- da negação da hierarquia social;
- da negação da independência da Pátria;
- da negação do direito à propriedade particular;
- da negação da cultura clássica, ou inspirada no cristianismo; negação da civilização cristã;
- da negação do respeito devido aos pais, superiores e pessoas idosas; negação da polidez e boas maneiras[11].

A argumentação do Padre Brasil apoiava-se em vários trechos cuidadosamente extraídos das principais obras infantis de Lobato, dentre as quais: *A Chave do Tamanho*, *Aritmética da Emília*, *Caçadas de Pedrinho*, *Fábulas*, *Geografia de D. Benta*, *O Saci*, *Peter Pan*, *O Minotauro*, *Viagem ao Céu*, *O Sítio do*

10. *Idem*, p. 28.
11. *Idem*, pp. 28-30.

Picapau Amarelo, Reinações de Narizinho, O Poço do Visconde, História das Invenções, Memórias da Emília, Emília no País da Gramática, Histórias de Tia Anastácia, Serões de D. Benta e *História do Mundo para as Crianças.* Cinco outros títulos para adultos – além da obra de Edgard Cavalheiro, apontado como "autor ilustre da alegada biografia de Lobato" – subsidiaram as críticas do religioso: *A Criança e a Humanidade de Amanhã, Mr. Slang e o Brasil, Negrinha, Urupês* e *Zé Brasil.* Em nota, o religioso justificou-se:

> [...] temos que atender ao conselho de certos defensores da obra de Lobato que, contra a nossa tese, objetaram que não é com um ou outro texto que se faz a crítica honesta de um autor. E eles têm toda a razão... [12]

Esta paranóia contra o "perigo vermelho" manifestou-se em vários Estados brasileiros que, como São Paulo, conviviam com o mesmo clima de repressão. Bastante ilustrativa desta prática foi a "caça" ao livro *Tarzan, o Invencível*, segundo constatou em suas pesquisas a historiadora Maria das Graças Ataide Almeida. Esta obra foi considerada, durante a interventoria de Agamenon Magalhães em Pernambuco, como "exemplo de doutrinamento bolchevista junto às crianças". O perigo estava, segundo os censores oficiais, no uso da expressão *camarada*, "reconhecida como retórica comunista no léxico do momento"[13].

12. *Idem*, p. 1.
13. M. G. A. Almeida, "Caça às Bruxas: Repressão e Censura na Interventoria de Agamenon Magalhães", *Minorias Silenciadas. História da Censura no Brasil.*

O Que Era Proibido Dizer...

Temas como aqueles citados em *Zé Brasil* estavam proibidos "de se dizer", "de se publicar" e "de se ler". A imagem negativa do Brasil e do seu povo não devia ser divulgada e nem suas causas discutidas: este discurso corria o risco de ser, de imediato, identificado como comunista. No entanto, nada impediu que tais assuntos circulassem no submundo dos impressos. Em 1942 foi apreendido na residência de Aristides Lobo o livreto de sua autoria *O Que Era Prohibido Dizer* (*Il. 41*). Vale ressaltar que Aristides Lobo, Mário Pedrosa e Lívio Xavier, faziam parte de um combativo grupo de intelectuais "bolcheviques-leninistas" brasileiros e que tinham razoável conhecimento da obra marxista internacional, além de estarem ligados ao sindicato dos gráficos[1].

A partir da temática "revolução constitucionalista de 32", o autor (apócrifo) de *O Que Era Prohibido Dizer*, trabalha com os conceitos de guerra santa, traição e manipulação das massas. Nesta obra a fronteira entre o lícito e o ilícito se encontra demarcada por oito questões bastante apimentadas e que, na certa, incomodaram os poderosos da República: "A Indústria Contra a La-

1. Aristides da Silveira Lobo era jornalista e neto de um importante político do Império, de quem herdara o nome. Ingressou no PCB em 1923 e foi candidato pelo Bloco Operário e Camponês (BOC) e 1928. Esteve exilado na Argentina onde, juntamente com Luís Carlos Prestes, fundou a Liga de Ação Revolucionária (LAR). Sobre o tema dos intelectuais ver D. A. Reis Filho (org.), *Intelectuais, História e Política (Séculos XIX e XX)*, Rio de Janeiro, 7Letras, 2000, pp. 137-147.

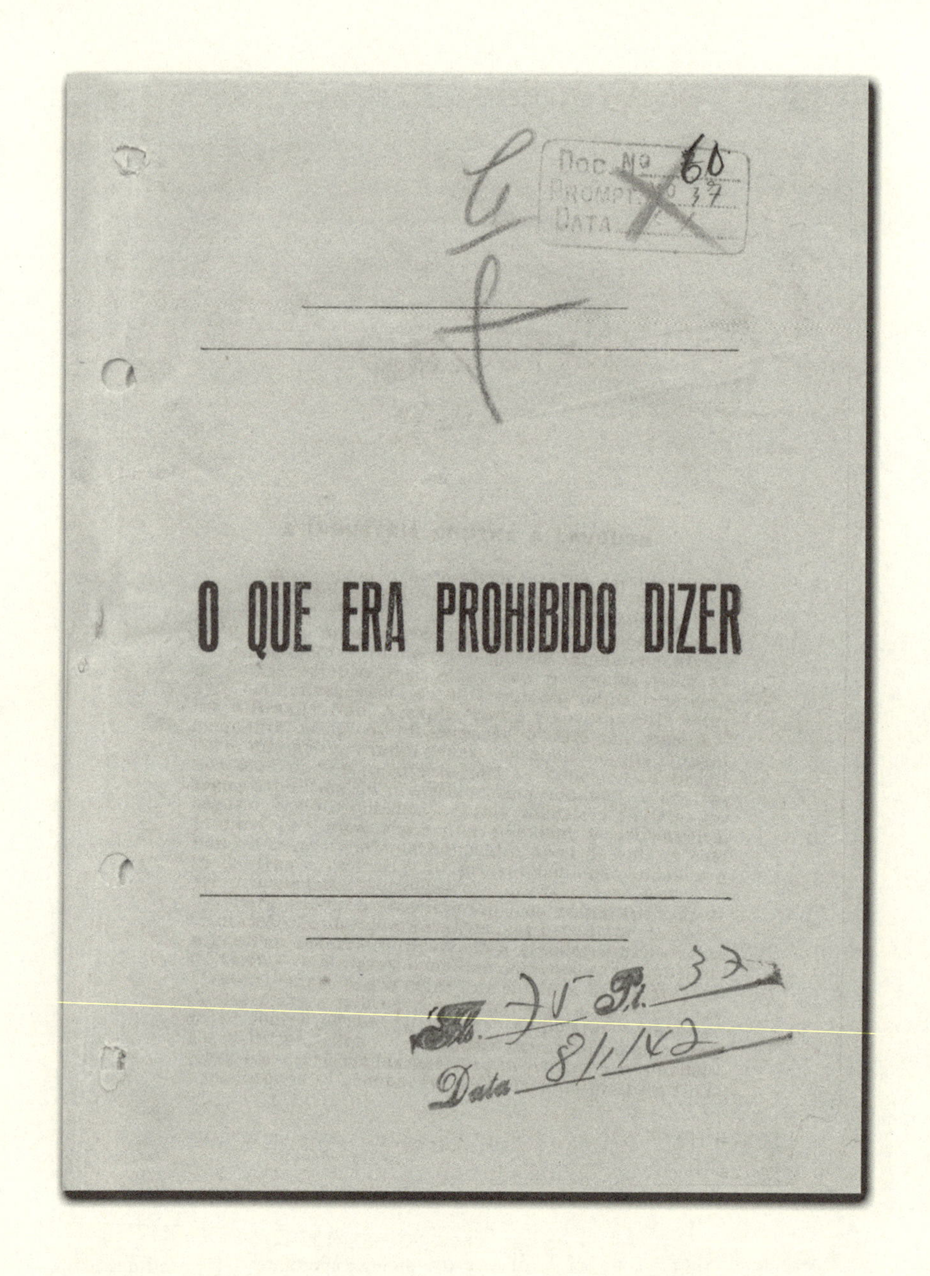

41 *O Que Era Prohibido Dizer*, de Aristides da Silveira Lobo. São Paulo, s./d. *Pront. nº 37, Aristides da Silveira Lobo*, 1º vol, doc. 60, fl. 98. DEOPS/AESP.

voura", "A Trahição dos Ricos", "A Trahição dos Intellectuais", "A Trahição do Clero", "Como se Ilude a Boa Fé de uma População", "Os Crimes pelos quais os Ricos Terão de Responder Perante o Tribunal Popular" e "Vitória de S. Paulo"[2].

Em "A Indústria Contra a Lavoura" o autor chama a atenção para a situação de pobreza em que viviam os Estados brasileiros, com exceção de São Paulo. As causas do alto custo de vida se encontravam na política do protecionismo aduaneiro sustentada pelo governo. Este tentava assegurar o "florescimento de uma indústria fictícia explorada por uma camarilha nacional e estrangeira, mantendo artificialmente um alto nível de vida, à custa da trágica miséria do proletariado das cidades e das propriedades agrícolas"[3].

O proletariado brasileiro – apresentado como sucessor dos escravos negros – nada mais pedia do que pão. Enquanto isso, produtos fabricados em São Paulo eram "extorsivos", dando margem a lucros desonestos. Tudo isto graças à conservação das tarifas aduaneiras que favoreceu as "classes conservadoras" em detrimento das "classes pobres".

Não se podia dizer que os intelectuais haviam sido traidores, assim como não o foram os homens que fizeram a revolução de 32; houve sim corrupção e aliciamento, temas que sempre incomodam. Segundo o autor "nunca se mentiu tanto no mundo como em São Paulo". Tanto o rádio como a imprensa haviam sido manipulados pelo capitalismo, "que é de orientação estrangeira". No bom tom da retórica da esquerda dos anos 30, os intelectuais foram classificados pelo autor como "burgueses", sendo que "só o proletariado se manteve impenetrável à tempestade de mentiras". Este sim, na dureza da escola da vida, estava se preparando para assumir no futuro as responsabilidades da espécie.

Nem o clero escapou de ser classificado de traidor, apontado como representante do "pensamento católico-policial da burguesia paulista: como sempre, o clero está sempre ao lado de quem manda". Através do *slogan* "matar não é pecado; pecado é fugir do combate", o clero foi acusado de conduzir um verdadeiro rebanho de moços para as trincheiras. Neste item, o texto articula a acusação em torno do conceito de *guerra santa* na qual a Cúria Me-

2. A. Lobo, *O Que Era Prohibido Dizer*, São Paulo, s./e., s./d. *Pront. nº 37, Aristides Lobo*, vol. 1, doc. 60, fl. 98. DEOPS/SP. AESP.
3. *Idem*, p. 1.

tropolitana manipulou o controle das massas. O argumento que persiste na narrativa é de que o clero havia se esquecido do "Não matarás!"

Este pensamento se completa com a acusação de que a Revolução Constitucionalista foi articulada com um caráter separatista que "mutilou o pavilhão auriverde". Cidadãos calmos foram envenenados pelas mentiras da campanha que, no fundo, "defendia o lucro escorchante dos industriais e a posição dos políticos decaídos", razão pela qual a Federação das Indústrias não quis discutir o assunto. Quem falou em voz alta teria sido preso e assassinado.

O autor articula seu discurso em torno do conceito de crime, ignorância e mentira, tentando convencer o leitor de que a luta não era de Deus contra Lênin, como "diziam alguns energúmenos", e sim do privilégio de meia dúzia contra a miséria de todos, da muralha aduaneira contra a concorrência. A conclusão se faz, em última análise, recuperando a retórica inicial acusatória, de um conflito entre a indústria artificial contra a lavoura; de um São Paulo agrícola e pastoril, enganado pelos ricos industriais[4].

4. *Idem*, pp. 5-7 e 11-13.

Sob o Olhar dos Militares

A literatura de cunho marxista garantiu, desde a criação da polícia política, seu lugar de honra dentre os "livros mais cassados". Durante os quinze anos de ditadura militar entre 1964-1978, as obras dos intelectuais de esquerda continuaram sendo visadas e apreendidas como "provas do crime de subversão". As idéias marxistas vulgarizaram-se junto aos meios estudantis que buscam nas obras clássicas um caminho para "fazer a revolução". Os títulos ilustrativos sobre o comunismo e o cotidiano na Rússia continuavam proibidos, assim como aqueles que versavam sobre a Revolução Francesa.

Paralelamente ao controle da bibliografia sugerida e lida nas universidades, o regime militar tentava fiscalizar os jornais da grande imprensa e da imprensa alternativa. Segundo Bernardo Kucinski, autor da obra *Jornalistas e Revolucionários: no Tempo da Imprensa Alternativa*, entre 1964-1980 "nasceram e morreram cerca de 150 periódicos que tinham como traço comum a oposição intransigente ao regime militar". Estes jornais, conhecidos como imprensa nanica, eram submetidos à censura prévia craconiana, segundo Kucinski[1].

Enfim, grande parte da literatura política que circulou pós-64 manteve, na sua essência, as idéias marxistas e os preceitos morais do PCB. Este continuou a ser a "menina dos olhos" do DEOPS que, em nenhum momento,

1. B. Kucinski, *Jornalistas e Revolucionários: no Tempo da Imprensa Alternativa*, São Paulo, Scritta Editorial, 1991, p. XIII.

abdicou da sua função de "caçar idéias" e ideólogos. As apreensões de livros efetuadas durante o regime militar expressaram a persistência desta mentalidade obsessiva pelas obras ditas subversivas. No relatório do inquérito instaurado contra Luís Carlos Prestes e outros, de 30 de setembro de 1964, o tratamento dado aos livros menteve-se no espaço da sedição. O item 18 sobre Astrogildo Pereira Duarte Silva refere-se ao seu livro *Formação do Partido*, recebendo destaque o trecho em que o autor relata seu contato com Prestes. O discurso policial enfatiza o fato daquela obra conter a história do Partido Comunista, "que ele conhece bem, havendo colaborado para a sua formação e posterior funcionamento[2].

Neste mesmo relatório encontramos referências a uma série de livros apreendidos no escritório e residência do Dr. Aldo Lins e Silva. Luis Henna, investigador responsável pela vistoria, deixou evidente que o indiciado possuía livros, revistas e folhetos, na sua maioria comunistas, sendo alguns deles em duplicata. Complementando seu relatório, Henna insistiu com um "note-se bem" aos títulos dos livros e revistas que eram, realmente, de caráter comunista, como:

> A revista editada na URSS, sob o título *União Soviética*; a revista *Manifesto*; obras de Stálin; *La Alianza de la Clase Obrera y del Campesinato*; *Manifeste du Parti Communiste-Marx-Lenine*; *Lênin, Obras Completas*; *La Mujer y el Comunismo*; revista *Problemas do PCB* (15 unid.); livros diversos, em números que variam, de cada exemplar, de 23, 43, 39 e 10 volumes; *Como Atua o Imperialismo Ianque?*; *Constituição da República Popular da Hungria* (14 unid.); *Universidades y Estudiantes Universitarios en Hungria*; revista *Nova Hungria* (67 unid.); revista *La Hongrie* (7 unid.)[3].

Esta preocupação em se apontar para uma bibliografia marxista persiste e se repete em tantos outros prontuários e dossiês dos anos 60 e 70. A idéia de uma revolução cultural paralela a uma revolução armada continuava a preocupar as autoridades que viam o intelectual e o profissional de imprensa como cidadãos perigosos e, se comunistas, "desde há muito, tanto mais temíveis".

2. *Relatório do Inquérito Instaurado contra Luis Carlos Prestes e Outros*, São Paulo, 30 de setembro de 1964. DEOPS/SP. AESP.
3. *Idem, ibidem*.

Temiam-se os homens de vasta cultura. Professores e estudantes de Ciências Humanas e Ciências Políticas incomodavam. Temiam-se as críticas ao regime, as denúncias de torturas, as passeatas estudantis, o humor dos caricaturistas, as peças de tearo. Temiam-se os homens com passado de militância política, razão pela qual o regime militar instituiu os corriqueiros atestados de antecedentes políticos. Milhares destes requerimentos, obrigatórios a todo cidadão, acumularam-se junto aos dossiês policiais. O DEOPS transformou seus "arquivos gerais" numa importante arma contra a resistência ao regime militar: o passado contava muito... Aliás, tudo contava, até a posse de um único livro. Regredimos aos tempos medievais.

Em abril de 1970, Argemiro Laurindo Carbonelli, chefe do Arquivo Geral do DEOPS, foi buscar na memória dos seus registros, informações sobre o passado de Geraldo Ferraz, constatando que:

> Em sua residência, foram apreendidas publicações secretas da Internacional Comunista, da Liga Comunista do Brasil e da Aliança Libertadora, além de outros papéis igualmente comprometedores e de completa bibliografia marcista. Ex-membro da Liga 5 de Julho, redator-chefe do *Homem Livre*, jornal esquerdista. Ferraz foi detido em 15 de novembro de 1937[4].

As publicações dos partidos comunistas circulavam clandestinamente nos anos 70, assim como algumas das notícias censuradas pela imprensa. Militantes da esquerda recebiam regularmente publicações do exterior como *O Mundo em Revista, Revue Internationale* (França), *L'Humanité Dimanche* (França), *Il Manifesto* (Itália), *Tribune Socialista* (Suíça), *Jeune Afrique* (Argélia)[5].

Nesta mesma década, as obras publicadas por Fernando Henrique Cardoso, Florestan Fernandes e Octávio Ianni, ficaram sob constante vigilância. Em 1974, segundo os arquivos policiais, teria sido apreendido um exemplar do livro *Ideologías de la Burguesía Industrial en Sociedades Dependientes*, de autoria de Fernando Henrique Cardoso, adotado pelo Curso Madureza Ajax [*sic*]. Ao mesmo tempo, o serviço de informação da Secretaria de Estado dos

4. *Informações sobre Geraldo Ferraz por Argemiro Laurindo Carbonelli.* São Paulo, 24 de abril de 1970. *Pront. nº 2381, Geraldo Ferraz.* DEOPS/SP. AESP.
5. *Auto de Qualificação e Interrogatório de Nilton Coelho da Graça. Pront. nº 108788, Rodolfo Guilherme Peano.* DEOPS/SP. AESP.

Negócios da Segurança Pública registrava no histórico político de Florestan Fernandes, então membro do Cebrap, que este havia proferido palestra na Faculdade de Ciências Sociais da Universidade de São Paulo, instituição que estava por "adotar um livro de sua autoria"[6].

Todo e qualquer evento era suspeito. Durante o lançamento do periódico *Plural nº 2*, em novembro de 1978, a polícia não deixou de mandar seu "representante" que, além de adquirir um exemplar para seus arquivos, registrou em um informe:

> Dia 10 pp. na Livraria Zapata, localizada na Rua Dr. Cesário Mota Júnior, 285, Capital, houve o lançamento do livro intitulado *Plural nº 2*, em que figura o artigo "Democracia Hoje", de Fernando Henrique Cardoso. Presente no local, equipe de reportagem da TV Cultura, Canal 2[7].

Informar-se sobre a propagação das idéias subversivas (agora "terroristas"), os livros, os teóricos-gurus e seus leitores continuaram a fazer parte do rol de questões a serem investigadas pela polícia. Esta, em outubro de 1979, organizou um questionário – do tipo "manual do inquisidor" – cujo conteúdo arrolava uma série de perguntas a serem feitas ao cidadão suspeito. Duas delas nos chamaram a atenção:

> Quais os livros usados e estudados. Quem é o teórico dentro do grupo? Panfletagem: quem escreve? Onde se imprime? Quem distribui? Forma de distribuição?[8]

A marcação concentrava-se principalmente, em torno daqueles que atuavam junto à Universidade de São Paulo, um dos principais focos de agitação estudantil. As traduções e publicações assinaladas por Fernando Henrique Cardoso eram cuidadosamente registradas pelo DEOPS que, de perto, acompanhava as críticas do sociólogo ao regime militar procurando arrolar os periódicos com os quais colaborava, traduções de obras estrangeiras etc.[9]

6. *Informação sobre Florestan Fernandes*. Secretaria de Estado dos Negócios de Segurança Pública. São Paulo, s./d. *Pront. nº 149216*. DEOPS/SP. AESP.
7. *Informe 1668-B/78. Dossiê Doc. 30 Z-160-2446*. DEOPS/SP. AESP.
8. *Rol de Perguntas...* São Paulo, 30 de outubro de 1979. *Dossiê Doc. 30 Z-160-2446*. DEOPS/SP. AESP.
9. *Pront. nº 144364, Fernando Henrique Cardoso*. DEOPS/SP. AESP.

Deonísio da Silva, autor de *Nos Bastidores da Censura*, aponta o governo Geisel, iniciado em 1974, como "o período exemplar para os estudos aqui apresentados". Apesar da "distensão lenta e gradual", o ministro Armando Falcão bateu novos recordes ao censurar mais de 500 livros, além de centenas e milhares de filmes, músicas, *jingles*, teatro, música etc., registrando uma certa obsessão pelos temas vinculados à sexualidade. Ao lado de *Nicoleta Ninfeta*, de Cassandra Rios; e *As Massagistas de Tóquio*, de Rita Reynolds, encontramos *Mein Kampf*, de Adolf Hitler e *A Universidade Necessária*, de Darcy Ribeiro. Dentre os autores listados, nos chamaram a atenção Caio Prado Jr., Che Guevara, Fidel Castro, Guilhon de Albuquerque, José Álvaro Moisés, José Serra, Kurt Ulrich Mirow, Mao Tse-Tung, Nelson Werneck Sodré, Régis Debray, dentre outros[10].

Ao longo do tempo, histórias e estórias se repetem. O Estado republicano, censor por excelência, foi responsável pela mutilação da cultura nacional interferindo, negativamente, na construção do conceito de cidadania. O aparato policial, organizado durante décadas de modo a perseguir os "homens de idéias", deve ser considerado como um dos promotores da bárbarie, da violência, da segregação e da intolerância, marcas registradas deste século XX. O Estado tem aqui a sua responsabilidade enquanto gerenciador e legitimador da brutalidade, promotor do medo e da autocensura. No entanto, ao nos debruçarmos sobre os arquivos policiais, constatamos que os intelectuais brasileiros conseguiram, nos subterrâneos da sociedade, colaborar para a metamorfose da realidade, suplantando sua condição de meros espectadores conformados.

10. Ver Lista completa publicada por D. da Silva, *Nos Bastidores da Censura: Sexualidade, Literatura e Repressão Pós-64*, São Paulo, Estação Liberdade, 1989, pp. 15 e 295-308.

Fontes

POLICIAIS *Prontuários DEOPS (Arquivo do Estado de São Paulo)*

Nº 7 – Jayme Adour da Câmara
Nº 11 – Affonso Schmidt
Nº 37 – Aristides Lobo
Nº 44 – Astrogildo Pereira Duarte Silva
Nº 52 – Corifeu de Azevedo Marques
Nº 65 – Jeronymo Bubenas ou Gerasinas Dugniskis
Nº 71 – Felícia Itkis
Nº 163 – Salisbury Galvão Coutinho ou Galvão Coutinho
Nº 144 – Florentino de Carvalho
Nº 182 – Girch Feldmanas
Nº 192 – Hygino Alonso Delgado
Nº 201 – Oscar dos Reis
Nº 209 – Genny Gleizer
Nº 302 – João Pontes de Moraes
Nº 339 – Miguel Tevet
Nº 340 – Delegacia Regional de Polícia de Xavantes
Nº 348 – Paul Hebert Wenzel
Nº 360 – Odilon Gonzales Vasques
Nº 439 – Vicente Tamochaitz
Nº 457 – Henrique Rosemann

Nº 482 – Sociedade de Assistência Médico-Jurídica
Nº 493 – Domingos Vaz
Nº 516 – Mário Mariani
Nº 519 – Casemiro Kepenis
Nº 533 – Associação dos Amigos da Rússia
Nº 547 – Delegacia Regional de Polícia de Barretos
Nº 548 – Delegacia Regional de Polícia de Ribeirão Preto
Nº 552 – Delegacia Regional de Polícia de Baurú
Nº 577 – União dos Trabalhadores Gráficos
Nº 581 – Delegacia de Polícia de Jundiaí
Nº 596 – Antonio Pinto Fonseca
Nº 640 – Sebastião Caetano Francisco
Nº 665 – Pedro Tristão da Rocha
Nº 828 – Editora Unitas ou Graphica Editora Unitas Ltda.
Nº 831 – Editorial Marenglen
Nº 864 – Editorial Pax
Nº 647 – Humberto Figueiredo Pennaforte
Nº 909 – Alexandre Wainstein
Nº 1262 – Benedito Romano
Nº 1816 – João Taibo Cadorniga
Nº 1680 – Tarsila do Amaral
Nº 1169 – Sergio Uspiensky
Nº 1914 – Centro de Cultura Social
Nº 1934 – Bruno Lobo (Dr.)
Nº 2381 – Benedito Geraldo Ferraz Gonçalves
Nº 5777 – Jorge Amado
Nº 2163 – Evandro Silva
Nº 2168 – Editora Paulista
Nº 2259 – Typographia Communista
Nº 2764 – Ângelo Venâncio
Nº 2303 – Jornal *A Plebe*
Nº 2238 – Lívio Abramo
Nº 2431 – Partido Comunista Brasileiro
Nº 3196 – Hermínio Sacchetta
Nº 6275 – Editora Luvir
Nº 6440 – Escola Alemã de Vila Mariana

Nº 6575 – José Bento Monteiro Lobato
Nº 14943 – José Clemente Schroeder
Nº 15516 – Editora Meridiano
Nº 37655 – Tokuji Nakamura
Nº 45050 – Editora Brasil e outros
Nº 48252 – Editora Calvino Ltda.
Nº 58786 – Agildo Gama Barata Ribeiro
Nº 93342 – Editora Gonzael
Nº 100106 – Editora Pan Americana
Nº 102184 – Editora Assunção
Nº 108788 – Rodolfo Guilherme Peano
Nº 111032 – Gilberto Gil
Nº 120018 – Editora Vitória
Nº 125888 – Editora Comercial Tupinambá
Nº 144364 – Fernando Henrique Cardoso
Nº 149216 – Florestan Fernandes

INQUISITORIAIS

Alvará de *18 de agosto de 1451, declarando ter sido acordado mandar queimar os livros falsos e heréticos, por Afonso V, Rei de Portugal.* Biblioteca Nacional de Lisboa, Ms Alcobacense 114, fls. 342, vol. 343.

Carta de *2 de novembro de 1540, do Cardeal D. Henrique, encarregando o prior de S. Domingos de Lisboa, Frei Aleixo, e Frei Cristovão de examinar todos os livros das livrarias de Lisboa.* Arquivo Nacional da Torre do Tombo, manuscritos da Livraria. Cod. 977, fl. 4.

Carta de *28 de julho de 1541, dirigida a Damião de Góis, dizendo-lhe que uma sua obra não tinha sido autorizada a circular, pela Inquisição.* Processo da Inquisição de Lisboa (Apartados), nº 17170, fl. 66. Arquivo Nacional da Torre do Tombo.

Index *Librorvm Prohibitorvum, CVM REGVLIS confectis per Patres à Tridentina Synodo delectos, autoritate Sanctiſsimi Domini noſtri Pij. IIII.* Pont. Max. Coimbra, 1581. Arquivo Nacional da Torre do Tombo. Lisboa

LITERÁRIAS

CÂMARA, Alfredo Arruda. *Contra o Communismo.* Rio de Janeiro, Imprensa Nacional, 1946.

APOLÔNIO, L. *Manual de Polícia Política e Social.* São Paulo, Escola de Polícia, 1958.

BACKHEUSER, Everardo. *A Sedução do Comunismo.* Rio de Janeiro, Ed. Centro D. Vital, 1933.

BRAZ, D. *Dos Meus Momentos de Lazer. Morrem os Homens... Mas a Idéia Fica!* São Paulo, s./d.

BECKER, João (Dom). *O Communismo Russo e a Civilização Cristã* (19ª Carta Pastoral). Porto Alegre, Centro da Boa Imprensa, 1930.

BRASIL, S. (Pe.). *A Literatura Infantil de Monteiro Lobato ou Communismo para Crianças.* Bahia, Aguiar & Souza Ltda; Livraria Progresso Editora, Francisco Pinheiro, censor *ad hoc*, Imprimatur, 1957.

BRITO, Alberto. *A Questão Social e a República dos Soviets.* Porto Alegre, Livraria Globo, 1932.

FAURE, S. *La Falsa Redencion, Temas Subversivos (N. 1).* Valparaiso (Chile): Editorial "Más Allá", s./d.

FREYRE, G. *Casa Grande & Senzala.* 3ª ed. Rio de Janeiro, Schmidt, 1938.

GALTIER-BOISSIERE, J. *Mistérios da Polícia Secreta.* Lisboa: Classica, 1938, 2 vol.

LOBO, A. da S. *O Que Era Prohibido Dizer.* São Paulo, s./d.

MARTINS, Vicente (Mons.). *A Russia dos Soviets.* Porto Alegre, Livraria Globo, 1932.

MONTEIRO LOBATO, J. B. *Zé Brasil.* Rio de Janeiro, Editora Vitória, 1947.

_______. *Peter Pan.* São Paulo, Editora Nacional, 1938.

NOGUEIRA, L. *Crime Político.* Fortaleza, Atelier Royal, 1935.

O Que é o Plano Qüinqüenal. São Paulo, Editorial Marenglen, s./d.

O Domínio do Mundo pelos Judeus. Os Protocolos dos Sábios de Sião, obra apócrifa, dec. 40

PEREIRA, Alfredo. *As Falsas Bases do Communismo Russo.* Rio de Janeiro, C. Mendes Junior, 1931.

SINZIG, Pedro (Frei). *Através dos Romances: Guia para as Consciências.* 1915. *Tempestades. O Bolchevismno por Dentro.* Rio de Janeiro, C. Mendes Juniro, 1931. Petrópolis, Vozes, 1923.

_______. *Tempestades. O Bolchevismo por Dentro.* Rio de Janeiro, C. Mendes Junior, 1931.

RAO, Vicente. *Direito de Família dos Soviets.* São Paulo, Companhia Editora Nacional, 1932.

VARGAS, G. *A Nova Política do Brasil I. Da Aliança Liberal às Realizações do 1º Ano de Governo (1930-1931).* Rio de Janeiro, Livraria José Olympio Editora, 1938.

VIEIRA, H. & SILVA, O. *História da Polícia Civil de São Paulo*. São Paulo, Nacional, 1955.
VITTORIO, V. *A Hora Decisiva: Fascismo, Bolchevismo*. São Paulo, s./e., 1934.

PERIÓDICOS

Jornais

Jornal do Estado da Bahia. Salvador, 17 dez. 1937.
Voz Operária. Rio de Janeiro, 13 de ago. 1949.
O Trabalhador Gráfico. São Paulo, 20 abr. 1929.
O Estado de S. Paulo. São Paulo, 13 maio 1932.
Folha da Noite. São Paulo, 24 out. 1941.

Revistas

Socialismo. Revista Quinzenal de Política, Economia, Legislação Social, Cooperativismo, Organização Operária. Dirigida por Francisco Frola. São Paulo (nº 1), março, 1933.
Revista Miesu Lútuva. São Paulo (n. 2), janeiro, 1948.
La Forge. Revue d'Art et de Littérature (14). Paris, Librairie D'Action D'Art de la Ghilde. Les Forgerons, abril, 1919.
Quaderno Nº 2, 5 Giugno, 1932.

Bibliografia

ABREU, M. (Org.). *Leitura, História e História da Leitura.* Campinas, Mercado das Letras; Associação de Leitura do Brasil; São Paulo, Fapesp, 1999.

ALVIM, T. C. *Golpe de 64: A Imprensa Disse Não.* Rio de Janeiro, Civilização Brasileira, 1979.

ANDREUCCI, A. *Idéias Malditas. Artistas e Intelectuais sobre a Vigilância do DEOPS.* Iniciação Científica/FAPESP. Projeto Integrado Arquivo/Universidade, 1996-1997.

AQUINO, M. A. *Censura, Imprensa e Estado Autoritário no Brasil (1968-1978).* São Paulo, EDUSC, 2000.

AQUINO, M. A. *Caminhos Cruzados: Imprensa e Estado Autoritário no Brasil.* Tese de Doutorado em História Social. Deptº de História/FFLCH/USP, 1994.

ARENDT, Hannah. *O Sistema Totalitário.* Lisboa, Dom Quixote, 1978.

BAIÃO, Antonio. *Episódios Dramáticos da Inquisição Portuguesa.* Lisboa, Seara Nova, 1973, vol. III.

BALANDIER, G. *O Poder em Cena.* Brasília, UnB, 1982.

BOURDIEU, Pierre. *A Economia das Trocas Simbólicas.* São Paulo, Perspectiva, 1974.

BRASIL, M. G. M. *Polícia: Instrumento "Panótipo" na Sociedade Moderna?* Dissertação de Mestrado, UFCE, 1989.

CANCELLI, E. *O Mundo da Violência: a Polícia na Era Vargas.* Brasília, UnB, 1993.

CARNEIRO, M. L. T. (Org.). *Minorias Silenciadas. História da Censura no Brasil.* São Paulo, Edusp; Fapesp, 2002.

________. *Brasil, Um Refúgio nos Trópicos. A Trajetória dos Judeus Refugiados do Nazi-fascismo.* São Paulo, Estação Liberdade; Instituto Goethe, 1996.

________. "O Fogo da Purificação". *Revista Resgate*, Campinas, Unicamp, 1988.

________. "Cultura Amordaçada: O DEOPS e o Saneamento Ideológico". In: ABREU, Márcia (Org.). *Leitura, História e História da Leitura.* Campinas, São Paulo, Mercado de Letras: Associação de Leitura do Brasil. São Paulo, Fapesp, 1999 (Coleção História da Leitura), pp. 427-447.

________. " O Estado Novo, o DOPS e a Ideologia da Segurança Nacional". In: PANDOLFI, Dulce (Org.). *Repensando o Estado Novo.* Rio de Janeiro, FGV/CPDOC, 1999, pp. 327-340.

________. " Força, Medo, Liberdade: Censura e Autocensura no Brasil do Século XX". In: LEINER, Júlio (Org.). *Cidadania, Verso e Reverso.* São Paulo, Imprensa Oficial do Estado, 1997-1998, pp. 57-68.

________. "A Trajetória de um Mito no Brasil". In: NOVINSKY, A. W. e KUPERMAN, D. (Org). *Ibéria-Judaica: Roteiros da Memória. América 500 Anos.* São Paulo, Edusp; Rio de Janeiro, Expressão e Cultura 1996, pp. 487-513.

CARVALHO, A. A. de. *A Censura e as Leis de Imprensa.* Lisboa, Seara Nova, 1973.

CARVALHO, J. M. *A Construção da Ordem: a Elite Política Imperial.* Brasília, Editora da UnB, 1981.

CHARTIER, R. *A História Cultural entre Práticas e Interpretações.* Lisboa, Bertrand; Rio de Janeiro, Difel, 1990.

________. *História da Vida Cotidiana.* São Paulo, Companhia das Letras, 1991.

________ (Org.). *Práticas da Leitura.* São Paulo, Estação Liberdade, 1996.

________. *A Aventura do Livro: Do Leitor ao Navegador.* Trad. Reginaldo Carmello Corrêa de Moraes. São Paulo, UNESP/Imprensa Oficial, 1999.

COSTELA, A. *O Controle da Informação no Brasil.* Petrópolis, Vozes, 1970.

DINIZ, S. G. "Um Livreiro em Vila Rica no Meado do Século XVIII". *Kriterion.* Belo Horizonte (47/48): 180-198, jan.-jun., 1959.

DARNTON, R. *O Grande Massacre dos Gatos.* Trad. Sônia Coutinho. Rio de Janeiro, Graal, 1986.

________. "Entrevista com Robert Darnton". *Acervo. Revista do Arquivo Nacional* 1-2, vol. 8. Rio de Janeiro, Arquivo Nacional, 1986.

________. *Boemia Literária e Revolução: O Submundo das Letras no Antigo Regime.* Trad. Luis Carlos Borges. São Paulo, Companhia das Letras, 1987.

________. *Edição e Sedição.* Trad. Myriam Campello. São Paulo, Companhia das Letras, 1995.

________. *Os Best-Sellers Proibidos da França Pré-revoluncionária*. Trad. Hildegard Feist. São Paulo, Companhia das Letras, 1998.

DICIONÁRIO *Crítico do Pensamento da Direita. Idéias, Instituições e Personagens*. Organizadores: Francisco Carlos Teixeira da Silva, Sabrina Evangelista Medeiros, Alexander Martins Vianna. Rio de Janeiro, Faperj/Mauad, 2000.

DIETRICH, A. M.; ALVES, E. B.; PERAZZO, P. F. & CARNEIRO, M. L. T. (Org.). *Inventário DEOPS. Módulo I – Alemanha*. São Paulo, Arquivo do Estado/Imprensa Oficial, 1997.

GAGNI, P. *Fragmentos da História da Polícia Política de São Paulo*. São Paulo, SIB, 1966.

GEERTZ, A. *A Interpretação das Culturas*. Rio de Janeiro, Zahar, 1978.

GIRARDET, R. *Mitos e Mitologias Políticas*. São Paulo, Companhia das Letras, 1987.

GOULART, S. *Sob a Verdade Oficial. Ideologia, Propaganda e Censura no Estado Novo*. São Paulo, Marco Zero; CNPq, 1990.

FERREIRA, T. M. T. B. da C. "Leitores do Rio de Janeiro: Bibliotecas como Jardim das Delícias". *Acervo. Revista do Arquivo Nacional* 1-2, vol. 8. Rio de Janeiro, Arquivo Nacional, 1986, pp. 83-104.

HEYNEMANN, C. "Edições Perigosas: A *Encyclopédie* por Robert Darnton". *Acervo. Revista do Arquivo Nacional* 1-2, vol. 8. Rio de Janeiro, Arquivo Nacional, 1986, pp. 167-182.

HILTON, S. *Suástica sobre o Brasil: A História da Espionagem Alemã no Brasil*. Rio de Janeiro, Civilização Brasileira, 1977.

KUCINSKI, B. *Jornalistas e Revolucionários. No Tempo da Imprensa Alternativa*. São Paulo, Scritta Editorial, 1991.

MACEDO, N. D. *Bibliografia sobre a Censura e a Liberdade de Imprensa*. USP/ECA, Departamento de Jornalismo e Editoração/Edusp, 1970.

MACHADO, J. A. P. *Opinião & Censura. Momentos de Luta de um Jornal pela Liberdade*. Porto Alegre, L & PM, 1978.

MACHADO, J. A. P. *Censura e Liberdade de Imprensa*. São Paulo, COM-ARTE, 1984.

MAGALHÃES, M. D. B. "A Lógica da Suspeição: Sobre os Aparelhos Repressivos à Época da Ditadura. *Revista Brasileira de História*, 34. São Paulo, ANPHU, vol. 17, pp. 203-221, 1997.

MARAM, S. L. *Anarquistas, Imigrantes e o Movimento Operário 1890-1920*. Rio de Janeiro, Paz e Terra, 1978.

MARTINS, A. L. "Sob o Signo da Censura". In: CARNEIRO, M. L. T. (Org.). *Minorias Silenciadas. História da Censura no Brasil*. São Paulo, Edusp; Fapesp, 2002.

MARTINS, W. *A Palavra Escrita. História do Livro, da Iimprensa e da Biblioteca.* São Paulo, Ática, 1998.

MEDEIROS, A. L. & HIRST, M. *Bibliografia Histórica: 1930-1945.* Brasília, UnB, 1982.

MEGARVEE, E. & HOKANSON, J. E. *A Dinâmica da Violência. Análise de Indivíduos, Grupos e Nações.* Trad. Dante Moreira Leite. São Paulo, EPU/Edusp, 1976, p. 16.

MIRANDA, D. A. *Comentário à Lei de Imprensa: Liberdade de Manifestação do Pensamento e da Informação.* 3ª ed. São Paulo, Revista dos Tribunais, 1995.

MORAES, R. B. *Livros e Bibliotecas no Brasil Colonial.* Rio de Janeiro, Livros Técnicos e Científicos, 1979.

MOTTA, R. P. S. "O Mito da Conspiração Judaico-Comunista". *Revista de História*, 138. São Paulo, Humanitas Publicações/FFLCH-USP, 1998, pp. 93-105.

MOTTA, R. P. S. *Em Guarda Contra o "Perigo Vermelho". O Anticomunismo no Brasil.* Tese de Doutorado. Área de História Social, FFLCH/USP, 2000.

NEEDELL, J. D. *Belle Époque Tropical: Sociedade e Cultura de Elite no Rio de Janeiro da Virada do Século.* São Paulo, Companhia das Letras, 1993.

NEVES, L. B. P. "Leitura e Leitores no Brasil, 1820-1822: O Esboço Frustado de uma Esfera Pública de Poder". *Acervo. Revista do Arquivo Nacional* 1-2, vol. 8. Rio de Janeiro, Arquivo Nacional, 1986.

NEVES, L. B. P. "Um Silêncio Perverso: Censura, Repressão e o Esboço de uma Primeira Esfera Pública de Poder (1820-1823)". In: CARNEIRO, M. L. T. (Org.). *Minorias Silenciadas. História da Censura no Brasil.* São Paulo, Edusp; Fapesp, 2002.

OMEGNA, N. *Diabolização dos Judeus. Martírio e Presença dos Sefardins no Brasil Colonial.* Rio de Janeiro, Record, 1969.

PAIVA, A. "A Leitura Censura". In: ABREU, M. (Org.). *Leitura, História e História da Leitura.* Campinas, Mercado das Letras, Associação de Leitura do Brasil; São Paulo, Fapesp, 1999, pp. 411-426.

PARANHOS, Adalberto. "O Coro da Unanimidade Nacional: O Culto ao Estado Novo". *Revista de Sociologia e Política*, 9. Curitiba, Universidade Federal do Paraná, 1997.

________ . *O Roubo da Fala. Origens da Ideologia do Trabalhismo no Brasil.* São Paulo, Boitempo, 1999.

PEREIRA, I. da R. *Notas Históricas Acerca de "Índices de Livros Proibidos" e a Bibliografia sobre a Inquisição.* Lisboa, s./e., 1976.

PEREIRA, J. L. P. *Prisioneiros do Mito: Cultura e Imaginário Político dos Comunis-*

tas no Brasil (1930-1956). Tese de Doutoramento apresentada na Área de História Social da FFLCH/USP, 1996.

REIS FILHO, D. A. (Org.). *Intelectuais, História e Política (Séculos XIX e XX)*. Rio de Janeiro, 7Letras, 2000.

SILVA, Z. L. da *A Domesticação dos Trabalhadores*. São Paulo, Marco Zero/CNPq, 1990.

REVAH, I. S. *La Censure Inquisitoriale Portugaise au XVIe. Siècle*. Lisboa, Instituto de Alta Cultura, 1960.

REZENE, M. M. & SACHETTA, V. "Procura-se *Peter Pan*: Vivo ou Morto". In: CARNEIRO, M. L. T. (Org.). *Minorias Silenciadas. História da Censura no Brasil*. São Paulo, Edusp; Fapesp, 2002.

________. *Monteiro Lobato: Furacão na Botucúndia*. São Paulo, Editora Senac, 1997.

RODRIGUES, C. & MONTEIRO, A. *Censura Federal*. Brasília, CREP, 1971.

SILVA, D. da. *Nos Bastidores da Censura: Sexualidade, Literatura e Repressão pós-64*. São Paulo, Estação Liberdade, 1989.

SILVA, S. C. *Tempos de Casa-Grande (1930-1940)*. Tese de Doutorado em História Social. Departamento de História/FFLCH/USP, 1995.

________. *Cultura Tutelada: Uma Visão Patrimonialista da Cultura Luso-brasileira*. Dissertação de Mestrado em História/ UFPE, 1987.

SILVA, Z. L. *A Domesticação dos Trabalhadores*. São Paulo, Marco Zero, 1990.

TORRES, F. M. "O Rosto e o Caráter". *Histórica. Revista do Arquivo do Estado*. São Paulo, ano 2, nº 2, ago. 2000, pp. 50-56.

VILLALTA, L. C. "Os Clérigos e os Livros nas Minas Geraes da 2ª Metade do Século XVIII ". *Acervo. Revista do Arquivo Nacional* 1-2, vol. 8. Rio de Janeiro, Arquivo Nacional, 1986, pp. 125-152.

________. "O Diabo na Livraria dos Inconfidentes". In: NOVAES, A. (Org.). *Tempo e História*. São Paulo, Companhia das Letras, 1992.

XAVIER, M. "Antecedentes Institucionais da Polícia Política". *DOPS: A Lógica da Desconfiança*. Rio de Janeiro, Secretaria de Estado da Justiça/Arquivo Público do Estado do Rio de Janeiro, 1996, pp. 32-36.

Primeira Edição: Repercussão na Mídia

1. Exposição iconográfica etinerante

Livros Proibidos, Idéias Malditas. O DEOPS e as Minorias Silenciadas. Centro Universitário Maria Antônia/USP e Arquivo do Estado/Secretaria de Estado da Cultura. Pesquisa elaborada pela equipe do Projeto Integrado Arquivo/Universidade, 1977. Reapresentada em Belo Horizonte/Instituto Histórico Israelita Mineiro e Campinas/Unicamp, 1997. Integrou uma outra exposição *Cidadão sob Suspeita*, patrocinada pela Secretaria de Estado da Cultura e que inaugurou a sede do Arquivo do Estado, à Av. Voluntários da Pátria, em São Paulo, 1977.

2. Mídia televisiva

"Livros Proibidos: A Censura do DEOPS e os Intelectuais no Brasil". *TV Gazeta. Programa Juca Kfouri.* São Paulo, 7 jul. 97 e 2 mar. 98 (reapresentação), 1997 e 1998.

"Livros Proibidos e os Acervos Policiais". Entrevista com Márcio Maia. *TV Contagem. Programa Dez Minutos.* Belo Horizonte, 21 set. 1997.

"A Exposição: Livros Proibidos, Idéias Malditas", entrevista realizada por Mônica Profeta, no Centro de Cultura Nansen Araujo. *TV Minas.* Belo Horizonte, 21 set. 1997.

"Censura e os Livros Proibidos no Brasil". *TV Gazeta. Jornal do Meio-Dia*, com a entrevistadora Maria Lídia. São Paulo, 30 abr. 1997.

"O DEOPS e os Livros Proibidos: Censura e Repressão aos Intelectuais". *TV Cultura. Programa Opinião Nacional.* São Paulo, 6 abr. 1997.

3. Imprensa

"Há uma História Oculta nos Arquivos", por Fabrício Marques. *Jornal do Brasil. Caderno Idéias.* Rio de Janeiro. 26 abr. 1997, p. 8.

"DEOPS: a História pelos Olhos da Repressão". *DO-Leitura.* São Paulo, nº 160, abr. 1997, p. 10.

"Exposição Traz a Luz os Porões Políticos do DOPS". *O Globo. Segundo Caderno.* Rio de Janeiro, 22 abr. 1977, p. 10.

"A Subversiva Tolice Policial", por Fabrício Marques. *Jornal do Brasil.* Rio de Janeiro, 23 abr. 1977, p. 4.

"Index de Chumbo: Nas Malhas da Censura". *O Globo. Segundo Caderno.* Rio de Janeiro, 16 abr. 1977, pp. 1-2

"Mostra Liberta Livros Proibidos", por Mauricio Styar. *Folha de S. Paulo. Ilustrada.* São Paulo, 12 abr. 1977, p. 1.

"Minorias Silenciadas Joga Luz sobre a Censura". *Jornal da Tarde.* São Paulo, 17 abr. 1977, p. 8.

"Dona Benta e o Capital: Livros Proibidos", por Leandro Sarmatz. *Zero Hora. Caderno Cultura (2º Caderno).* Porto Alegre, 10 maio 1977, p. 2.

Índice Onomástico

C

D

E

F

G

H

I

J

K

L

M

N

O

P

R

S

T

U

V

Índice de Obras

A

B

C

D

E

F

G

H

I

J

K

L

M

N

O

P

Q

R

S

T

U

V

Z

Índice de Instituições

A

B

C

D

E

F

G

I

L

M

O

P

Q

R

S

T

U

Índice de Editoras e Livrarias

P

T

Este livro foi impresso na
LIS GRÁFICA E EDITORA LTDA.
Rua Felício Antonio Alves, 370 – Jd. Triunfo – Bonsucesso
CEP 07175-450 – Guarulhos – SP – Fone. (011) 6436-1000
Fax.: (011) 6436-1538 – E-Mail: lisgraf@uninet.com.br